양성평등의 불편한 진실

한국형 복지국가의 토대를 찾아서

CONTENTS

서 문

양성평등의 불편한 진실과 한국형 복지국가의 토대를 생각하면서

수년 동안 양성평등교육 강의를 하면서 생각을 한번 정리해보고 싶었다. 그 결과를 이제 내놓는다. 양성평등이냐 성평등이냐 논쟁이 진행 중인 상황에서 일단 현재 법률로서 '양성평등기본법'을 고려하는 의미에서 양성평등 표현을 채택하였다. 그러나 양성평등에서 성평등으로 가는 논쟁이 한국사회에서 더욱 활성화되어서 성소수자 상황을 비롯한 다양성을 고려한 성평등 개념이 자리 잡았으면 한다. 앞으로 이 책의 성과를 바탕으로 다시 하게 될 작업은 한국사회 성평등 논쟁을 포함하게 될 것이다.

한국사회에서 (법적) 기회의 평등은 어느 정도 자리를 잡았다. 그러나 여성만이 경험하는 많은 차별이 존재한다. 결과와 과정 차원에서 양성평등 실현은 아직도 요원하다. 그럼에도 불구하고 기회의 평등이 가져온 성과에만 주목하여 남성이 겪는 '역차별'을 강조한다. 더 나아가 기껏 기회의 평등을 활용하여 이룩한 여성의 사회진출 확대를 계기로 여성혐오 현상마저 나타나고 있다.

양성평등의 불편한 진실은 "한국사회가 평등해졌다."는 허위의식에서 출발한다. 그런데 허위의식의 존재를 지나치게 무시하거나 폄하할 경우 지난 수십 년간 일어난 변화에 '충분히 당황하고 적응하지 못하는' 많은 사람의 문제를 지나치는 결과를 낳을 수 있다. 워낙 불평등했던 상황에서 기회의 평등이 가져다 준 변화를 대중이 '평등' 그 자체로 받아들이고 있는 상황도 이해해야 한다는 것이다. 아직 불평등함에도 불구하고 사람들이 평등한 세상, 여자 살기 좋은 세상 되었다고 생각하는 불편한 상황을 정리할 필

요가 있다. 양성평등의 불편한 진실은 '법적 기회의 평등은 이루 어졌으나 아직도 갈 길 먼 양성평등 그 자체'이다.

여성 취업활동 참여 확대, 남성의 가사·돌봄노동 분담 확대에 기초한 남녀 일가정 양립이 이루어질 때 국가 경쟁력도 강화할 수 있고 지속가능 발전도 할 수 있다. 이러한 맥락에서 한국 사회 대응 전략을 모색할 수 있는 단초를 이 책이 제공할 수 있다면 감사할 따름이다.

이 책을 만드는 과정에서 출판사 김영환 원장, 정동숙 대리께서 고생하셨다. 서울여대 대학원 김승혜, 문채영, 황경란의 수고가 매우 컸다. 서울여대 사회복지학과 서유미, 김예지의 꼼꼼한 교정에도 감사한다. 필자가 거두는 모든 결실의 뿌리는 학문적 인생의 출발을 가능케 해준 트리어대학교(Universität Trier) 한스 브라운(Prof. Dr. Hans Braun)교수에게 있다. 은퇴한 한스의 곁을 지키고 있는 카타리나(Katharina)와도 함께 결실을 나눈다. 인생의 뿌리를 선사해 주신 종암동과 일산의 부모님께도 감사를 전한다. 사회를 향해 도약하는 큰딸 성희, 이제 걸음마를 시작한 아들 주호가 성평등한 사회에서 살기를 바라는 마음이다.

무엇보다 이 책을 쓰도록 온갖 지지와 성원을 아끼지 않은 아내이자 학문적 동지 지은에게 사랑과 감사의 마음을 전한다.

2016년 7월
서울여대 만리포 수련원에서

정재훈

서 문

해방과 한국전쟁이라는 격동기를 겪으면서 민주공화국의 첫발을 내딛기 시작했던 1953년 어느 지식인은 이렇게 적고 있다. "여성이 의전(依前)히 암담한 구렁 속에 그대로 빠져있다고 하면 이것은 아직 남성의 민주국가요 인간의 민주국가는 아닐 것입니다... 민주국가는 그 국가의 인민이 계급, 지위, 성별, 교양, 자산, 종교의 구별 없이 한가지로 평등한 자리에서 자기들의 국가를 돕고 또 위하여 일할 수 있는 국가가 되어야 합니다... 남성 본위의 국가, 여성 본위의 국가는 없을 것입니다(김기석,1953 :45)."

그로부터 60여년이 흐른 지금 "여자 살기 좋은 세상 되었다." 라는 말이 나올 정도로 사회 각 분야에서 여성 참여 확대가 일어나고 있다. 남자는 돈만 벌고 있을 뿐 '경제권'은 여자가 갖고 있다는 이야기도 흔히 한다. 더 이상 '남성의 민주국가'가 아닌 셈이다. 반면 여전히 침체되어 있는 여성 취업활동 상황, 경력단절여성의 존재, 여성이 겪는 직장에서의 유리천장 효과, 폭력피해여성 증가 등은 여전히 남아 있는 성차별 현실을 보여줄 뿐이라는 정반대 주장도 있다.

한국사회는 일제 식민지로부터 해방된 이후 70여 년 동안 많은 변화를 겪었다. 변화의 양상은 크게 두 가지로 요약할 수 있다. 개발도상국 상황에서 산업화와 민주화를 동시에 달성한 거의 유일한 국가라는 대외적 평가와 이에 따른 자부심이 하나이다. 이러한 흐름 속에서 양성평등도 1980년대 중반 유엔(UN)이

주최하기 시작한 세계여성대회를 계기로 정치·사회적 그리고 정책적 관심사로 떠올랐고 그 사이 여성정책 분야에서 많은 변화가 있었다.

또 다른 흐름은 N포세대, 흙수저·금수저론으로 대변하는 절망적 사회 분위기의 확산이다. 특히 후자의 흐름은 최근 양성평등 관련 의식과 매우 중요한 관계를 갖는다. 남성 가장 중심 가부장사회 규범에서 볼 때 가족 부양 책임은 여전히 남성 청년에게 내재화된 가치이다. 그러나 이들의 취업활동 및 사회 진출 통로가 좁아지고 좌절하게 된 상황이 'ㅇㅇ녀' 담론을 만들면서 종국에는 '여성 혐오'로 이어지는 현상도 나타난다.

〈그림 1〉 한국사회의 현주소

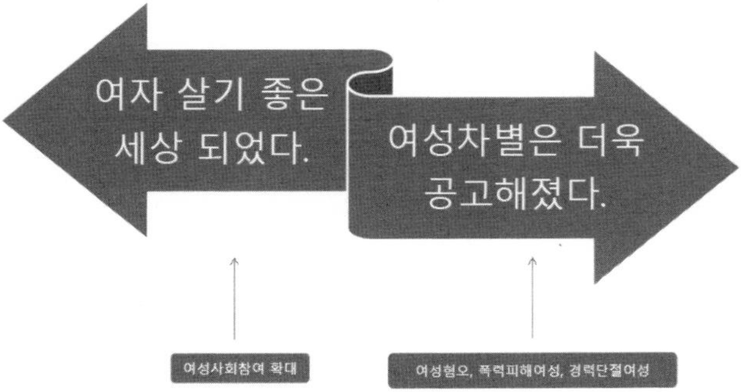

여자 살기 좋은 세상 되었다.

여성차별은 더욱 공고해졌다.

여성사회참여 확대

여성혐오, 폭력피해여성, 경력단절여성

산업화와 민주화를 동시에 달성한 국가로서 양성평등 분야에서도 상당한 수준의 변화를 경험하였다. 게다가 '자기 돈 당당히 벌면서 마음껏 소비도 하는 여성의 존재' 앞에서 좌절하고 그래서 심지어 여성혐오 감정까지 갖게 된 남성 집단 출현을 보면서 과연 '남성 중심 가부장 사회'라는 표현을 사용할 수 있을까?

필자의 생각은 "여전히 그렇다."이다. 현재까지 진행된 양성평등 양상이 기회의 평등 보장 차원에 머물고 있을 뿐 과정·결과의 평등, 정의로운 상태에 이르지는 못하기 때문이다. 왜 그럴까? '여자 살기 좋은 세상'의 근거로서 여성 사회 참여 확대 양상을 우선 살펴본 후, 그 양상의 성격을 알아보도록 한다.

1. 달라진 세상

1. 달라진 세상

원조를 받던 국가에서 원조를 하는 국가로 자리를 바꾸는 사이 세상은 많이 변했다. 남성적 영역에서 보이지 않았던 여성 숫자가 눈에 띄게 증가하였다. 심지어 '여성상위시대'라는 표현도 등장했다. 특히 여론 주도층 사회를 중심으로 높아진 여성의 존재감은 '양성평등' 대한민국에 대한 믿음을 만들어냈다. 그러나 이렇게 달라진 세상의 실체는 과연, 무엇일까?

가. 남성의 자리를 차지하는 여성

중장년층 여성과 청년 여성에게 '성장 과정에서의 성차별 경험'을 물어보면 전자는 '예'하는 경우가 많겠지만 후자는 '아니다'는 경우가 많다. 가족 내에서 자녀를 대할 때 성차별 관행이 많아 사라졌기 때문이다. 달라진 여성의 지위를 나타내는 토대이자 대표적 지표는 대학교 진학률이다. 1980년대까지 대학 진학률은 30%가 채 안되었다(통계청,2007:14). 소득 수준이 낮고 유교적이면서 도구주의적 가족 개념이 지배했던 당시에 '집안을 이끌어나갈 아들(유교주의적)이 대학교를 가기 위하여 필요하다면 딸은 진학을 포기하고 오빠·남동생의 학업을 지원하는 경우(도구주의적)가 다반사였다(장경섭,2009:101~103). 그러나 소득 수준 향상은 산업화 시대 한국사회 높은 교육열을 토대로 여성과 남성 간 거의 차이가 없는 높은 수준의 대학 진학률로 이어졌다.

1990년에서 2000년 사이 남학생 대학 진학률은 33.3%에서

70.4%로, 여학생 진학률도 31.9%에서 65.4%로 모두 두 배 이상 증가하였다(그림 1-1). 같은 시기 1인당 실질 국내총생산은 978만6천원에서 1,746만2천원으로 약 44% 증가하였다.[1] 그러나 대학교 진학률은 2005년을 정점으로 감소 추세에 있다. 대학교 진학이 더 이상 좋은 취업으로 연결되지 않는 상황, 그럼에도 불구하고 높아진 학비 부담, 그에 따른 대학교육 관련 기대수준 하락의 결과로 볼 수 있다.

〈그림 1-1〉 대학교 진학률 추이(1990～2014)

(단위: %)

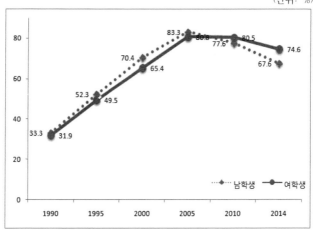

출처: '통계청(2007:14), 통계청(2015:28)' 자료를 토대로 재구성.

---

1) 통계청 홈페이지(http://www.index.go.kr/potal/main/EachDtlPageDetail.do?idx_cd=2871) 1인당 명목 및 실질 국내총생산 자료를 토대로 재구성.

이러한 추세와 별도로 중요하게 볼 점은 대학 졸업 후 취업을 하고자 하는 의지가 1990년대를 지나면서 남녀 학생 간 차이가 없어진 상황이다. 1980·90년대에는 여성 경력단절이 아니라 학교 졸업 후 결혼 혹은 취업활동 시작 후 '결혼퇴직'으로 인한 여성 노동력 낭비 현상을 지적하곤 하였다(김수곤,1981:90). 또한 여학생 취업 의사를 묻는 "졸업 후 직업 갖기를 희망하는가?"가 그리 이상한 질문이 아니었다. 그러나 1990년대를 지나면서 대학교 재학 중 거의 100%에 달하는 숫자가 학교 졸업 후 취업활동을 원하는 것으로 연구조사 결과가 나오기 시작하였다(장하진 외,2000:41).

의료 분야에서 '험한 일'이 아니라 상대적으로 여성적 직종으로 여겼던 약사의 경우에 1980년 당시 전체 약사의 절반이 여성이었다. 지금은 약사 3명 중 2명이 여성이다. 한의사는 50명 중 1명이 여성이었으나 지금은 5명 중 1명이 되었다. 의사·치과의사는 10명에 1명에서 5명 중 1명이 여성인 세상이 되었다(그림 1-2).

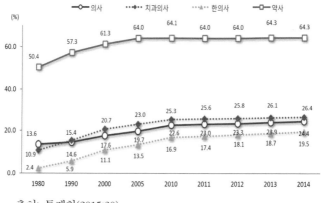

〈그림 1-2〉 의료 분야 여성 비율 변화 추이(1980~2014년)

출처: 통계청(2015:30).

물론 이런 숫자가 많지 않다고 볼 수 있다. 어쨌거나 남성이 다수를 차지하고 있기 때문이다. 그래서 아직도 남자의사는 의사지만 여자의사는 여의사다. 그러나 여성의 존재 자체가 낯설던 분야에서 이러한 변화는 큰 의미를 갖는다. 평생 병원 다니면서 여자의사를 보지 못했던 기성세대에게 '무(無)에서 나타난 변화'는 문화적 충격 그 자체일수도 있다.

일반기업체와 비교할 때 비교적 시험 자체만으로써 합격 여부를 결정할 가능성이 높은 일반 공무원 시험에서 여성 비중이 높음은 쉽게 이해할 수 있는 현상이다. 채용 면접에서 외모를 따지고 결혼퇴직 등이 버젓이 사내 내규로 남아 있던 시기에 공무원 선발 과정은 상대적으로 공정했다고 볼 수 있다. 그래서

1990년대에 공무원 중 여성 비율은 이미 30%를 넘어섰다. 1997
년 약 56만 명 공무원 중 여성 공무원은 32%에 달하는 약 18만
명 수준이었다. 2015년 현재 공무원 약 64만 명 중 여성 비율은
거의 절반에 가까운 49.4%이다(그림 1-3).

〈그림 1-3〉 국가 공무원 중 여성 비율(1997~2015년)

(단위: 만명, %)

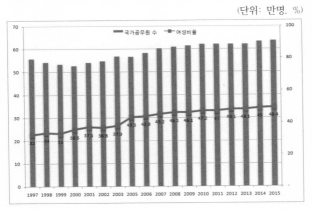

출처: 인사혁신처(2016); 행정자치부(2005)를 토대로 재구성.

1990년대가 되기 전에 각 고시에서 여성 합격자는 몇 년에
한 명 나오는 식의 양상을 보였다. 1990년대 중반까지도 사법고
시 합격자 중 여성 비율은 10%를 넘지 못했다. 행정고시는
1973년 최초 여성 합격자가 나온 이후 그 다음 여성 합격자가
나오기까지 8년이 걸렸다. 외무고시는 1980년대까지 일종의 '금
녀의 집'으로 부를 만했다.[2]

그런데 급격한 변화의 바람이 일어났다. 외무고시, 행정고시, 사법고시 등 고위직 공무원 선발시험에서 여성 합격자가 차지하는 비중이 2000년대에 들어서면서 급증했다. 2000년 사법고시 합격자 중 여성 비율은 18.9%였다. 동 비율이 외무고시 20%, 행정고시 25.1%이었다. 2013년 이 비율은 사법고시 40.2%, 외무고시 59.5%, 행정고시 46%로 10여 년의 세월이 지나는 사이 모두 두 배 이상 증가하였다(그림 1-4).

〈그림 1-4〉 공무원 채용 시험 합격자 중 여성 비율 추이 (2000~2013년)

(단위 : %)

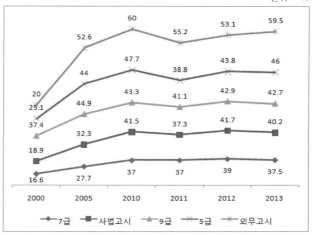

출처: 통계청(2014:37)을 토대로 재구성.

---

2) 조선일보 인터넷 뉴스
   (http://m.chosun.com/svc/article.html?sname=news&contid=2009102201759)

중장년층 특히 노년층 남성이 눈으로 보고도 믿기 힘든 현상이 나타난 것이다. 이른바 '작은 마누라'를 용납하던 경험을 가진 세대에게 상상할 수 없었던 변화이다. 2007년부터 신임 판검사 임용에서 여성 비율이 50%를 넘기 시작하였다. 법복을 입은 법조인을 나이와 관계없이 '영감님'으로 부르던 기억을 상당수 노년층은 갖고 있다. 필자가 개인적으로 몇 년 전에 만난 한 아프리카 주재국 대사는 "요즘 신임 외교관 중 남성을 찾아보기 어려워 오지 근무를 시키기가 어렵다."는 매우 위험한 발언(!)을 하기도 하였다. "여성이라는 편견을 벗어버리고 동등하게 근무를 시키면 되지 않겠느냐."는 답을 하긴 했지만 갑작스러운(?) 변화에 적응하기 어려워하는 전형적인 기성세대 남성의 모습을 볼 수 있었다.

법조인, 의사, 공무원 등 남성적 기득권과 권위를 상징하는 자리의 절반 정도를 여성이 차지하기 시작하였다. 이러한 변화가 불과 30년 정도 사이에 나타났다. 지금 사회활동을 한창 하는 중장년 세대가 20대 성인으로서 그런 현상을 당연하게 받아들이고 살았다는 의미에서 '불과'라는 표현을 할 수 있다. '여자는 결혼하고 집에서 살림하는 존재'를 자연스럽게 생각하는 중장년 세대와 취업·결혼·맞벌이를 너무나 당연히 받아들이는 청년세대가 한 울타리에 살고 있는 것이다. SNS를 중심으로 여성차별에 대한 논의가 특히 청년세대를 중심으로 뜨겁지만 막상 선거 때가 되면 여성 비하 발언을 서슴지 않고 심지어 성희롱·성추행 전력이 있는 사람이 국회의원, 도의원, 시의원이 되는 것은 모순과 갈등의 상황이 반복되는 이유 중 하나다. 청년세대의 성차별 민감성과 비교할 때 기성·노인세대는 '그까짓 정도 문제, 사소한 문제 혹은 남자가 그럴 수도 있는 문제' 정도의 관용적 태도를 갖기 때문이다. 기성·노인세대에게는 지금 현재도 '충분히 여자 살기 좋은 세상'이 되었다.

나. 여성상위시대

여성상위시대? 많은 사람들에게 낯선 단어일뿐더러 "이게 무슨 귀신 씨나락 까먹는 소리야?"라는 반응이 나올만한 표현이다. 그런데 1970년대에 대한 기억이 뚜렷한 세대에게 여성상위시대는 상당히 익숙한 이야기다. 1960년대 말 서구세계에서 일기 시작한 신사회운동·여성운동의 물결을 한국식으로 받아들인 몇 가지 대표적 사례가 있다. 미니스커트 열풍, 장발족, 비틀즈의 폭발적 인기, 그리고 여성상위시대이다. 반전·반핵, 지속가능발전에 대한 두려움, 기존 자본주의·가부장체제에 대한 문제제기가 서유럽과 북미 대륙에서 일어났지만, 한국사회는 그 표피적 현상으로서 복장과 외모에 있어서의 자유로움과 여성이 해방되었을 뿐 아니라 오히려 남성 위에 서기 시작했다는 허위의식을 받아들였다. 그 대표적 예가 "여성상위시대가 열렸다."는 주장이었다.

'여성상위시대'는 1969년 신상옥 감독이 만들고 남궁원, 남정임, 김지수 등 당대 쟁쟁한 배우가 출연했던 영화 제목이기도 하다. '새 풍조의 여성영화'로서 주목을 받기도 하였다.[3] 남편은 연구원으로서 아내는 패션모델로서 맞벌이를 하며 동등한 부부

관계를 유지하는 가운데, 각자 외도도 하고 아내를 못마땅해 하는 시집 식구들과 생기는 갈등을 묘사한 영화이다. 특히 아내의 외도로 인한 부부 간 갈등은 결백을 증명하고자 하는 아내의 자살 시도로 치유된다는 줄거리도 나온다. 맞벌이를 하면 남자는 남녀평등주의자가 되고 아내의 외도는 문제가 되지만 남편의 형이 남편에게 다른 여자를 배우자로 소개시켜주는 상황을 영화는 자연스럽게 묘사한다.[4]

유신시대를 거치면서 인권변호사로 유명해진 이 시대의 어른 한승헌 변호사가 쓴 1970년 신문 기고문을 보면 오늘날 한국사회 (남성 중심) 여론 주도층이 갖는 양성평등 관련 인식의 뿌리를 엿볼 수 있다. 기고문에서는 당시 여론에서 가장 주목하는 언어로서 '여성상위시대'를 언급한다. '몇 십 년 전 우리 어머니네들'이라는 표현으로써 '여성은 어머니로서 완성'된다고 본다. '민주화와 더불어 외세의 바람을 타고 들어온 여권신장'은 한국 여성의 법적 지위에 많은 변화를 주는 법률 개정으로 이어졌음을 주장한다. '법률상 지위확보, 호주 상속권 인정, 입부혼제도, 부부별산제, 일상 가산제의 대리권, 이혼사유의 남녀구별 없음'이 대표적 법적 지위 변화이다. 그러나 갑작스러운 변화로서 '여성해방'이 아내로서 내조라는 본질적 의무를 망각케 하고 '사회적 병폐'를 가져왔음도 이야기한다. 법적 권리를 갖게 된 여성이,

---

3) '새 風潮의 女性映畵가 나왔다!' 경향신문 1969년 10월 13일 5면 광고.
4) 한국영화 데이터베이스
   (http://www.kmdb.or.kr/vod/vod_basic.asp?nation=K&p_dataid=01987#url)
   를 토대로 재구성.

따라서, 권리에 상응하는 의무를 이행하기 위한 '내면적 지혜'를 쌓기를 기고문은 권하고 있다.[5]

1970년대 초반 '여성상위시대'는 중상층 계급을 중심으로 서구 문화를 받아들이는 개방적 태도와 의식 변화를 상징하는 개념이 되었다. '여성상위시대가 되어 술값도 여자가 치르기가 일쑤'라는 표현이 언론에 등장하였고[6] TV에서도 여성상위시대 여장부를 내세운 코미디극을 내보내는 일도 드물지 않았다.[7]

여성상위시대는 결국 한국사회에서 느리게 진행 중이던 성차별적 법률 개정 흐름과 서구 사회에서 들려오던 여성운동의 물결에 대한 주류 중상층 계급의 과장된 혹은 허위의식이 반영된 반응이라고 볼 수 있다. 여성상위시대 담론이 끊이지 않고 1990년대까지 이어지는 가운데 여성을 어머니로서 신성시하는 시각은 감소하였고 양성평등한 모습도 언론 매체에서 많이 드러나기도 했지만, 오히려 선정적인 묘사로 여성을 성적 대상화·도구화하는 경향은 더 강해졌다. 또한 광고를 통해 소비의 주체로서 여성의 역할을 설정함으로써 여성이 우위를 점하고 있는 영역이 취업활동 등 사회참여가 아니라 가정경제·소비영역임을 고착화시

---

5) '여성과 법률, 法의 존은 최후에' 한승헌 변호사, 매일경제 1970년 6월 27일 6면.

6) '서울 새 風俗図 (209) 明洞 [9] 세월 따라 변하는 술집 〈下〉', 경향신문 1971년 8월 3일 6면.

7) 각종 코미디물에서 여성상위시대라고 하여 남자를 제압하는 여자 모습을 희화하여 방송하는 경우가 많았다. 특히 MBC TV에서 1974년 4월부터 방영한 '남자'는 여자주연에 코미디언이 아닌 당시 인기 최고 배우 태연실이 여장부 역으로 구봉서, 배삼룡, 이기동 등과 함께 나와서 장안의 화제를 모았다.

키는 양상은 여전하였다(정무장관(제2)실,1995:286).

여장부 이미지가 등장하였지만 대중적으로 각인되는 여성상은 현모양처, 소비의 주체, 성적 유희의 대상, 정치의식이 떨어지는 존재, 남성의 사랑으로 완성되는 존재(정무장관(제2)실,1995:288)로 완성되었다. 일부 법적기회의 평등 실현, 서구 여성운동을 통해 조금씩 소개된 여성 투사(?)의 모습을 보면서 여성상위시대라는 표현을 만들어냄과 동시에 전통적 여성상을 유지했던 당시의 시각을 오늘날에도 간직하고 있는 장노년층 세대에게 2000년대 이후 일어나고 있는 변화는 가히 '혁명적'일 것이다.

다. 정치 영역에서의 변화

정치 영역에서 여성참여는 2000년대에 들어서 어마어마한(?) 변화를 하였다. 전체 300명 중 여성의원이 51명으로 17%의 역대 최고 비율을 보이고 있기 때문이다. 이게 웬 호들갑이냐고 반응하는 사람들이 있을 것이다. 외국의 경우 약 190개국 여성의원 평균 비율이 2015년 8월 기준으로 22%를 넘고 있으며 서유럽에서도 비교적 보수적이라 하는 독일도 2016년 현재 연방의회(Der Bundestag) 631명 중 여성 의원 비율이 36.5%에 달하고 있기 때문이다.[8]

정치인으로서 의원 개인의 성평등 의식은 남달라야 한다. 그럼에도 불구하고 개인 생애경험이라는 관점에서 다시 한 번 생

---

8) 독일연방의회(http://www.bundestag.de/)

각해보자. 2016년 20대 국회 최다선으로서 8선 의원이 한 명 있다(새누리당 서청원). 7선이 또 한 명(무소속 이해찬)이고 6선은 5명(새누리당 김무성, 더민주당 문희상, 정세균, 이석현, 국민의당 천정배)이다. 5선도 11명이다(새누리당 정갑윤, 심재철, 원유철, 정병국, 이주영, 더민주당 추미애, 박병석, 이종걸, 이석현, 원혜영, 김종인). 4선 의원은 32명(새누리당 유승민, 주호영, 강길부, 나경원, 유기준, 김정훈, 조경태, 신상진, 홍문종, 한선교, 정우택, 최경환, 김재경, 이군현, 정진석, 더민주 진영, 박영선, 김부겸, 송영길, 이상민, 김진표, 안민석, 조정식, 변재일, 양승조, 강창일, 국민의당 박주선, 김동철, 정동영, 조배숙, 박지원, 주승용)이다.

8선 의원이면 1980년대에 국회에 첫발을 들여놓았다. 거의 남자만 의사당 안에 보일 때이다. 6,7선 의원도 여성의원 수가 한자리 수, 여성의원 비율이 1~3%일 때 의원 생활을 시작하였다. 2016년 현재 6선 이상 의원 중 여성은 한 명도 없다. 지금 5선 의원이 처음 의원 생활을 시작했다고 대체로 추정할 수 있는 2000년 16대 국회 여성의원 비율은 5.9%, 6명이었다. 20대 국회 5선 의원 중 단 한 명의 여성이 당시 16대에서 의원 생활을 시작하였다.[9] 의원 사무실에서 이른바 '차를 타던 여직원'을 제외하면 보좌관부터 취재 기자까지 온통 남성 일색인 1990년대에 나름 초반 열정을 불태웠던 의원들이 20대 국회의원이 50명이고

---

9) 연속으로 당선되지 않을 수 있기 때문에 2000년 이전에 국회에 입성한 경우가 있을 수 있다.

이 중 여성은 단 한 명이다. 이 남성 다선의원이 전체 국회의원 6명 중 1명일 뿐 아니라 다선으로서 중책을 맡고 있다.

이들의 시각에서 볼 때 17대 이후 국회에서의 변화는 매우 '급격한' 양상일 것이다. 국회의원 및 시도의원 선거에서 각 정당 추천 비례대표 후보 50%는 여성에게 할당하는 정당법 개정 이후 17대 국회 여성의원 수가 두 자리가 되었다(10석). 이후 18대 14명(13.7%), 19대 47명(15.7%), 20대 51명(17%)으로 계속 '역대 최고' 기록 경신을 하였다(그림 1-5).

〈그림 1-5〉 여성 국회의원 비율(1992~2016년)

(단위 : %)

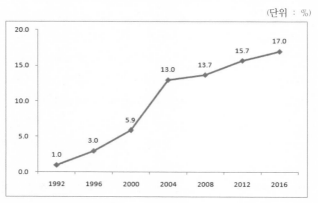

출처: '통계청(2015:31), 2016년 20대 총선 결과'를 토대로 재구성.

조금 과장되게 표현하여 '의사당 안에서 여자는 차 심부름하는 존재'로 밖에 경험하지 않았던 남성의원 비율과 현재 여성의원 비율이 17%로 이제야 같아진 상황이다. 그런데 전자의 대부분은 중진으로서 오피니언 리더 역할을 하고 있고 후자는 대부분 초선의원으로서 국회 생활 적응에 바쁘다.

'동료이지만 동료가 아닌 것 같은, 새롭게 대규모(!)로 출현한 여성의원을 대하는' 묘한 경험을 하는 상황에서 상당수 남성 다선의원은 격세지감을 느낄 것이다. 한국사회에 존재한다는 성차별이 일부 여성운동에서 정치적 전략 차원에서 제기하는 문제 정도로 인식할 수도 있다. 1~20년에 걸쳐 자신들이 국회에서 이룬 많은 양성평등 입법이 '여자 살기 좋은 세상'을 만들었고 그 결과 국회 자체가 이렇게 많이 변했다고 자부심을 갖기도 할 것이다. 그런데 여기에서 한 가지 주목할 사례가 있다.

독일의 경우를 보면 10대 연방의회(1983~1987) 때 여성의원 비율이 전체 520명 중 51명으로 9.8%에 도달한 후 약 7년 뒤 12대(1990~1994)에서는 662명 중 136명의 여성의원이 나와서 처음으로 20% 비율을 넘었다(20.5%). 그리고 8년 뒤 1998년 669명 중 여성의원 207명으로 30% 선을 넘었으며(30.9%), 가장 최근 2013년 18대 연방의회 의원 631명 중 여성의원 수는 230명으로서 36.5%를 차지하고 있다.[10] 1990년 여성의원 비율이 이전에 비해 두 배 이상 증가한 이유는 통일 이후 좌파정당과 녹색당 약진의 결과라고 볼 수 있다. 그 여파로 2000년대 이후에는 보수 기독민주연합(CDU)과 기독사회연합(CSU)도 여성의원 비율

---

10) 독일연방의회(http://www.bundestag.de/)

을 20% 수준에서 유지하고 있다.

　그러나 2016년 현재 한국의 경우 새누리당, 더민주당, 국민의당 모두 여성 정치 참여를 확대하기 위한 적극적 조치 관련 정책은 내놓지 않고 있다. 단지 비례대표 후보 여성공천 50% 할당제에 머무르고 있는 수준일 뿐이다. 게다가 독일의 경우처럼 사민당, 녹색당, 좌파정당 등 진보 정당이 존재하지 않는 정치 지형이다. 따라서 한국의 경우에 매 4년마다 돌아오는 선거에서 조금씩 여성의원 비율은 높아지겠지만 비례대표가 아닌 지역구 공천 여성할당제를 도입하는 등 무엇인가 획기적 변화가 일어나지 않는 한 여성의원 비율은 아주 느린 속도의 증가 추세를 보일 것으로 예측할 수 있다. 결국 정치 영역에서도 주류 남성적 시각에서 볼 때에는 많은 변화가 일어났지만 여전히 갈 길이 먼 상황임을 확인하게 된다.

2. 양성평등의 현주소

2. 양성평등의 현주소

2000년대 이후 볼 수 있는 여성 사회참여 확대는 저절로 생긴 결과가 아니다. 여성운동 차원에서 오랜 요구와 투쟁이 있었기 때문이다. 더 나아가 여성운동과 때로는 상호작용하면서 혹은 정치적 이해관계, 정책적 필요성에 따라 국가 차원에서 법적 기회의 평등을 보장하는 방향으로 여성정책 확대가 이루어졌다. 그렇다면, 먼저, 여성운동이 어떤 의미에서 국가정책의 반응을 이끌어내는 잠재력을 갖게 되는지 살펴보자. 그리고 여성운동의 전개와 여성정책 변화 내용을 알아보자. 마지막으로 여성정책 변화를 이해할 수 있는 평등의 차원을 살펴보도록 하자.

가. 여성운동 이해[11]

여성운동이 갖는 성격을 한마디로 정의하는 것은 불가능할 수 있는 작업이다. 그러나 사회운동으로서 여성운동이 갖는 성격을 정리하는 작업은 정책 결정 과정에서 여성운동의 어떤 흐름이 어떤 역할을 하였는지 이해할 수 있는 길잡이가 될 수 있다. 사회운동으로서 여성운동이 갖는 성격을 알아보기 위한 시도는 사회운동의 일반적 성격을 파악하는 작업을 전제로 한다.

---

11) 이하 내용은 정재훈(2007:396~404)을 옮겨온 것임.

1) 사회운동으로서 여성운동

사회운동을 설명하는 이론은 집단행동이론(Coollective Behaviour Theory), 신사회운동이론(New Social Movement Theory), 자원동원이론(Resource Mobilisation Theory)으로 분류할 수 있다.

첫째, 집단행동이론은 구조기능주의 관점에 기초하여 사회운동을 설명하고 있다. 집단행동이론에서 볼 때, 주요 사회제도가 제대로 기능하지 못해서 비정상적인 상태나 사회 구조 간 긴장 상태가 생기게 되면 그러한 상황에 대한 반응으로서 사회운동이 생겨난다. 즉 사회운동은 제대로 기능하지 못하는 사회가 갖는 일종의 증상(symptom)으로 볼 수 있다(Smelser,1962).

둘째, 신사회운동이론은 사회운동의 근원을 거대관료화된 현대사회구조와 자율적 삶을 추구하는 인간의 욕구 간 갈등, 그리고 후기산업사회의 도래에서 찾는다. 이 관점에서 볼 때 물질적 재생산을 추구해 온 기존 가치는 거부되고 새로운 문화의 재생산, 사회통합, 새로운 가치에 따른 사회화 등을 추구하게 된다. 기존 국가나 사회가 유지하고 사회 구성원에게 의식적·무의식적으로 주입해 온 가치와 행동 양식을 거부하게 되는 것이다. 이러한 관점은 하버마스(Habermas,1981), 오페(Offe,1985)등이 대표하고 있다.

셋째, 신사회운동론이 가치지향적인 반면, 자원동원이론은 사회운동을 전개하는 구체적 방법론에 주목한다. 자원동원이론 관점에서 볼 때 사회운동은 사회에서 전개되는 새로운 상황에 대응하는 합리적인 적응 양식이다. 따라서 새로운 사회를 만들어

내기 위하여 사회운동은 정치적 자원을 창조하고 사회 참여를 조직화한다. 사회운동은 이러한 과정에서 압력단체로서 기능한다 (MaCarthy & Zald,1987).

위와 같은 사회운동의 차원이 여성운동의 관점에서 볼 때 어떻게 수용될 수 있을까? 먼저, 집단행동이론은 '제대로 기능하지 못하는 사회'를 전제로 한다는 점에서 거부될 수 있다. 여성운동에서 볼 때 사회는 제대로 기능하지 못하는 것이 아니라 가부장적 가치를 제대로 구현해왔고 이에 따라 여성에게 억압적인 젠더 질서가 형성되었다고 볼 수 있기 때문이다. 반면, 신사회운동이론은 신사회운동의 발생 자체가 여성운동의 기원이 될 수 있다는 점과 국가·사회가 유지해 온 기존 가치를 거부하고 새로운 가치를 추구하는 점에서 기존 가부장제적 가치를 거부하고 여성주의 가치를 추구하는 여성운동의 성격과 맥락을 같이 한다. 더 나아가 자원동원론의 경우, 신사회운동론에서 설명력이 부족한 동원된 조직으로서 여성운동의 실체를 설명해 준다. 또한 가부장제 사회를 극복하고 새로운 사회를 만들기 위한 대응으로서 여성운동의 모습을 제시해 준다.

물론 일정한 경향을 보이기는 하겠지만, 하나의 사회운동을 신사회운동이나 자원동원론으로써 일관되게 설명하기는 어렵다. 사회운동은 신사회운동론에서 강조하는 일정한 정치·경제·사회·역사적 맥락을 떠나 존재하기 어려우며 동시에 자원동원론에서 강조하는대로 조직화하지 않을 경우에 운동으로서 흐름을 파악하기 어렵기 때문이다. 결국 여성운동의 경우에도 한국 사회가 갖는 일정한 조건을 배경으로 성차별 이슈를 제기하기 위한 조직으로서 일정한 흐름을 보여주었다는 의미에서 신사회운동과 자원동원론의 두 가지 관점에 대한 이해가 필요하다.

2) 신사회운동이론(New Social Movement Theory)

신사회운동이론은 사회운동의 출현과 전개를 거시적 차원과 미시적 차원으로 분류하여 다음과 같은 특징을 보이고 있다. 거시적 차원에서 신사회운동은 계급정치에서의 탈피, 근대성·합리성에 대한 비판, 체제 변화와 새로운 정치(new politics) 추구, 역사 발전 동인으로서 사회적 힘에 대한 믿음, 사회에 대한 새로운 이해를 가능하게 한다. 그리고 미시적 차원에서 신사회운동의 결과는 집합적 정체성(collective identity) 형성으로 나타난다(Melucci,1985).

먼저, 신사회운동이 추구하는 가치는 계급갈등에 기초하고 있지 않다. 따라서 신사회운동이 추구하는 가치는 노동운동이 추구하는 가치와 구별된다(Melucci,1985:335). 신사회운동의 사회적 기반은 중간계급이다. 신사회운동 역시 이런 의미에서 계급정치(politics of a class)라고 볼 수 있지만 계급정치 그 자체(on behalf of a class)는 아니다(Offe,1985:833). 신사회운동의 주체는 서비스 산업이나 공공분야 종사 전문가들이며 비교적 높은 교육 수준을 갖고 있다. 신사회운동의 요구는 계급에 기초하여 분파적이지 않기 때문에, 이슈에 따라 어느 경우에는 보편적이기도 하고 어느 경우에는 분파적(particularistic)이기도 하다(Charles,2000:32).

둘째, 신사회운동은 경제성장, 생산성 향상, 생활수준 향상 등 산업자본주의 사회와 노동운동이 추구해온 가치를 거부한다는 의미에서 근대성·합리성에 대한 비판적 태도를 취한다. 따라서 재생산이나 생존을 위한 욕구와는 거리가 먼 문화 생산(a cultural production)을 중요시한다. 근대적·합리적 사고체계에서 중요시했던 물질적 생산을 기호·사회적 관계 생산이 대체하게 되는 것이다. 이런 의미에서 신사회운동은 탈물질적 가치를 반영한다고 볼 수 있다(Offe,1985:804~805). 물론 이에 대하여 신사회운동이 물질적 가치(material value)를 비물질적 가치로 대체한다는 주장은 지나치게 극단적이며, 다만 물질적 가치를 지나치게 강조하는 경향을 거부하는 것으로 받아들여야 한다는 주장도 있다(Inglehart,1990). 어쨌거나 신사회운동이 물질적 가치보다 비물질적 가치를 더 중요시한다는 것은 일반적인 경향으로 받아들일 수 있을 것이다.

셋째, 탈물질적 가치 추구는 체제 변화와 새로운 정치를 추구하는 운동의 모습을 보여준다. 신사회운동은 이런 면에서 후기산업사회로 가기 위한 운동이고(Torain,1981), 탈근대성의 출현을 의미한다(Melucci,1989). 이전의 정치가 경제성장, 사회보장, 안보 등을 주요 가치로 추구했다면, 탈근대성을 보이는 후기산업사회에서 추구하는 새로운 정치의 주요 가치는 사회통합, 삶의 질, 개인의 자아실현 및 사회참여 기회 보장, 인권 등이다(Habermas,1981:33).

따라서 신사회운동은 국가와 자본이 주도하는 생산과 분배 관계 통제에 대한 관심보다는 시민사회에서 관찰할 수 있는 실제 삶의 모습이 어떻게 재생산되느냐에 관심을 갖는다고 볼 수 있다. 그렇다고 해서 신사회운동이 이전과는 단절된 전혀 새로운 정치를 지향한다고 보는 것은 무리이다. 즉 신사회운동은 근대성에 바탕을 둔 이전 정치가 추구하는 가치 전부를 부인하지 않고, 다만 그러한 가치 중 일부를 강조하여 새로운 정치 지향의 중심에 배열한다고 볼 수 있다. 신사회운동에서 추구하는 새로운 정치가 강조하는 가치로서 사회통합, 삶의 질, 자아실현 등이 이전에는 존재하지 않았던 완전히 새로운 것이라고 보기는 어렵기 때문이다. 결국 신사회운동에서 시도하는 새로운 정치는 기존에 강조되어 왔던 가치체계에 대한 대안을 제시함으로써 기존 국가 체제가 더욱 민주화되는 변화를 추구하는 것이라고 볼 수 있다. 현존하는 지배적 권력 구조에 대항하기 위한 문화투쟁 (cultural struggle)에서 국가를 이용하지 않을 경우에 새로운 정치 실현은 불가능하다는 인식을 신사회운동에서도 하고 있는 것이다(Charles,2000:38).

넷째, 신사회운동은 역사 발전 동인으로서 사회적 힘(social forces)에 대한 믿음을 나타낸다. 앞서 신사회운동이 추구하는 가치는 계급 갈등에 기초하지 않고 있다고 하였다. 따라서 역사 발전 동인 역시 자본과 노동의 대립으로 신사회운동은 보지 않는다. 역사 발전의 동인은 여러 종류 사회적 힘 사이의 갈등과 투쟁이라고 볼 수 있다. 사회적 힘은 사회 구성원의 집합적 행위(collective behaviour)에서 나오는 일종의 집단적 압력과 같은 것이다. 따라서 사회적 힘은 사회운동을 구성하는 전제 조건이라고 할 수 있다.

특정 집단이 특정 사안을 둘러싸고 이해관계를 갖게 되면 이 집단은 이해관계를 관철하기 위하여 집합적 행위를 시도한다. 집합적 행위를 하는 과정에서 사회적 힘이 형성된다. 그런데 이렇게 형성된 사회적 힘은 집단의 분파적 이익과 반드시 일치하지는 않는다. 집단의 분파적 이익에 사회적 차원이 더하여지기 때문이다. 따라서 사회적 힘은 하나의 집단이익으로부터 자율성을 갖고 형성된다고 볼 수 있다.

정치운동이 국가 권력을 얻고자 추구하는 움직임이라면 계급 갈등에 기초하지 않는 사회적 힘을 바탕으로 한 사회운동이 추구하는 것은 특정 사회에 존재하고 있는 문화 양식을 결정하는 권한이다. 즉 다양한 사회적 힘이 정보·이미지·상징성 등을 생산하는 주체가 되기 위하여 갈등하고 경쟁하는 가운데 사회운동의 흐름이 형성되고 이러한 흐름이 역사 발전의 동력이 된다고 보는 것이다.

마지막으로 거시적 차원에서 볼 때, 신사회운동은 사회에 대한 새로운 이해를 시도하는 흐름이다. 신사회운동에서는 사회변화를 가능케 하는 새로운 수단으로서 지식과 기술이 갖는 중요성에 주목한다. 또한 기존의 지배적 문화 양식에 도전함으로써 권력 관계가 단순히 '노동 대 자본' 혹은 '노동 - 자본 - 국가'간 관계가 아니라는 점을 지적한다. 즉 계급정치 틀에서는 관찰할 수 없는 보이지 않는 권력주체로서 지식·기술·정보를 생산하는 집단의 역할에 주목한다. 이들 집단은 지식을 사회·정치적 믿음으로 변환시킬 수 있는 능력을 갖고 있다. 예를 들어 환경문제를 제기함으로써 이미 존재하고 있던 사회발전 패러다임에 대한 사회 구성원의 믿음에 문제를 제기한다. 이런 점에서 볼 때 신사회운동은 기존 정치 질서를 변화시킬 수 있는 잠재 능력을 갖는 새로운 패러다임을 제시한다(Charles,2000:34).

이상과 같이 신사회운동의 특징을 거시적으로 설명할 때 이어지는 의문은 운동의 결과가 개인적 차원에서, 즉 미시적 차원에서는 어떻게 되느냐는 것이다. 이 질문에 대한 대답은 개인의 관점, 즉 미시적 차원에서 볼 때 신사회운동이 갖는 특징은 일종의 행위체계(action system)라는 데에 있다(Melucci,1985). 신사회운동은 개인이 사회현상을 인지하고 정의를 내리며 그에 상응하는 행위를 하는 준거가 된다. 이때 이러한 행위가 한 개인에게서만 일어나는 것이 아니라 여러 개인에게서 동일한 유형으로 일어나도록 하는 역할을 신사회운동이 하게 된다. 신사회운동을 통해 개인이 집합적 정체성(collective identity)(Melucci, 1985:793)을 갖는 계기가 생겨나는 것이다.

집합적 정체성은 상호작용, 타협, 의사결정 등 사회적 관계를 토대로 형성된다. 또한 사회 환경 속에서 주어진 기회와 한계를 개인이 어떻게 인식하느냐도 집합적 정체성 형성의 주요인이 된다. 따라서 집합적 정체성은 사회적 관계와 개인적 인지가 작동한 결과라고 볼 수 있다. 집합적 정체성을 형성함으로써 사회 구성원은 사회운동의 목적, 목표, 수단 등에 대한 공감대를 형성한다. 또한 집합적 정체성은 형성·변화·퇴조·재형성 등의 과정을 반복하는 성질을 갖는다. 신사회운동은 개인이 갖는 집합적 정체성 형성을 유발함으로써 거시적 차원에서의 사회 변화를 추구한다고 본다(Charles,2000:35).

3) 자원동원론

1970·80년대 미국 사회를 배경으로 등장한 자원동원론은 사회운동이 갖는 특징을 조직화 수준 정도에서 찾는다. 따라서 사회운동이 갖는 실체를 파악하는 과정에서 중요한 요소를, 신사회운동에서는 이념과 가치 체계 등으로 보는 것과 달리, 운동 조직능력, 구성원 동원 규모 및 방법, 운동 과정에서 활용 가능한 자원, 운동 전략 등으로 본다. 이러한 면에서 볼 때, 자원동원론은 사회운동이 유지·발전하는 과정을 설명하는 작업에서 신사회운동론에 비하여 더 설득력이 있는 이론이라고 하겠다(이혜숙,2002: 199).

자원동원론은 조직으로서 사회운동이 갖는 속성에 주목한다. 따라서 자원동원론이 갖는 특징은 조직을 중심으로 사회운동을 설명하는 관점, 운동의 전제로서 합리적 사고방식, 자원·정치기회 구조에 대한 관심, 운동 조직으로서 추구하는 목표 등으로 분류하여 설명할 수 있다.

첫째, 자원동원론은 이념이나 가치체계가 아닌, 조직을 근거로 하여 사회운동을 설명한다. 그러므로 자원동원론 관점에서 주관심사는 "어떻게 사람들이 동원되느냐?"에 있다. 이런 맥락에서,

자원동원론에서 규정하는 사회운동은 사회구조의 변화와 보상적 분배(reward distribution)를 추구하는 특정 인구 집단이 갖는 의견과 믿음의 집합(MaCarthy and Zald, 1987)에서 출발한다. 여기에서 인구 집단(a population)은 조직된 인구 집단을 의미한다. 이 집단은 종교단체, 지역사회, 사회집단네트워크 등의 제도로서 조직되어서 운동의 주체 역할을 한다. 사회운동은, 따라서, "특정 사회 내 엘리트 집단, 의견을 달리하는 집단, 공권력 주체 등과 끊임없이 상호작용하는 가운데 공통의 목표와 연대의식을 가진 사람들이 행하는 집합적 도전 행위를 의미한다(Tarrow, 1994:3~4)."

둘째, 자원동원론 관점에서는 운동의 전제로서 합리적 사고방식을 강조한다. 합리적 사고방식을 가진 주체는 운동을 조직하는 구성원이다. 사회운동이 조직되는 형태는 두 가지로 나누어 볼 수 있다. 전형적인 형태로서 사회운동의 결과로부터 직접적인 혜택을 가질 수 있는 사람들이 직접 운동을 조직하는 경우이다. 이 경우 구성원의 운동 참여도는 매우 높으며, 구성원을 소위 수혜적 지지자(beneficiary adherents)로 표현한다. 반면, 사회운동이 성공했을 경우 그 결과로부터 직접적 혜택을 받을 수 없는 전문가들이 조직하는 운동의 형태가 있다. 이러한 운동 전문가를 소위 양심적 지지자(conscience adherents)로 표현하는데, 이 경우 조직 구성원의 참여도는 전체적으로 높지 않은 편이다(Charles,2000:40). 전자와 후자의 경우 모두에 있어서 운동 참여 주체는 도구적 합리주의에 바탕을 두고 행동한다. 운동 참여자는 운동 실천에 앞서서 운동의 결과가 가져오는 비용과 편익을 계산하고 일정 정도 인센티브를 얻을 수 있는 전망이 있을 때 행동하게 된다는 것이다. 이 때 인센티브는 구체적·물질적 이익에서부터 정치적 이해관계 관철, 추구하는 신념·가치·이데올로기의 실현 등 다양한 형태로 존재한다고 볼 수 있다.

셋째, 자원동원론에서는 운동의 동력으로서 자원과 정치기회구조에 대한 관심을 높은 수준에서 갖는다. 이는 자원동원론 관점이 자원에 관심의 초점을 두는 경향과 정치기회 구조에 관심을 두는 경향으로 분류할 수 있음을 의미하기도 한다. 운동 동력으로서 자원을 강조하는 입장에서는 인적 자원, 재정, 운영 프로그램, 네트워크와 연대 능력을 중시한다. 이것은 사회운동 주체로서 조직이 갖는 내부 능력을 중시하는 입장이라고 볼 수 있다.

한편 사회운동에 대한 자원동원론적 해석이 내부 운동조직에 대한 관심에서 출발했다면, 운동 동력으로서 외부에 존재하는 '정치기회구조(political opportunity structure)'를 상대적으로 더 중요시하는 관점이 있다. 사회 구성원의 집합적 행위를 촉진하는 매개체로서 자원보다 자원 활용을 가능케 하는 정치적 구조가 갖는 기능을 더 강조하는 입장이다. 이러한 정치 구조의 예로는 선거 과정 및 절차의 안정성, 엘리트 집단의 역할 분화, 정책 변화 과정, 기존 사회운동이 가져다 준 성공적인 결과, 국가 조직 형태 등이 있다(Tarrow,1994:18). 결국 운동 동력으로서 운동 조직이 갖고 있는 자원보다 조직이 위치하고 있는 사회 환경을 더 중요시하는 관점이다.

타로우(Tarrow)의 이러한 설명은 자원동원론이 운동 조직 역량으로서 자원에 초점을 맞춘 결과 소홀히 하기 쉬운 정치적 의미를 보충해 주는 역할을 한다. 즉 사회운동이론으로서 자원동원론이 갖는 정치적 차원을 정치기회구조 개념이 부각시키고 있는 것이다. 이에 따라 자원동원론 관점에서는 사회운동의 주체로 보기 힘든 '느슨한 연합동원구조에 토대를 둔 자율적·상호의존적 사회 연결망(autonomous and interdependent social networks linked by loosely coordinated mobilizing structures)(Charles,2000:44)' 역시 합리적·관료주의적 조직과 마찬가지로 운동 목표 추구의 필요조건으로서 존재 가치를 인정받게 된다. 또한 사회운동의 결과가 조직 내부 관점에서만 평가되는 것이 아니라, 국가와 정책결정주체로서 엘리트 집단이 중재하는 정책 변화 그 자체가 될 수도 있게 된다. 즉 운동 조직이 의도하지 않았더라도 환경으로서 정치구조가 만들어낸 결과 역시 운동의 간접적·비의도적 결과로서 평가 대상이 될 수 있다.

넷째, 자원동원론 관점에서 볼 때 사회운동 조직이 추구하는 주요 목표는 조직 자체의 생존이다(Charles,2000:41). 그리고 조직의 생존, 즉 조직 유지와 발전을 위해 조직 운영 체계의 관료화가 필요하다. 자원동원을 사회운동이 성공적으로 하면 할수록 조직으로서 사회운동은 더욱 전문화된다. 또한 조직 유지와 발전을 위하여 로비, 자금 동원을 효율적으로 할 수 있는 기술을 발전시켜 나가는 특징을 보인다. 따라서 자원동원론 관점에서 사회운동이 성공했다고 볼 수 있는 기준은 사회운동 조직이 전

문화관료화되어서 지속적 활동을 하느냐 라고 할 수 있다
(Charles,2000:41).

4) 사회운동으로서 여성운동의 특징

앞서 언급하였듯이, 여성운동이 갖는 특징을 신사회운동이나 자원동원론 중 하나로써만 설명하기는 어렵다. 추구하는 목표와 이데올로기를 중심으로 여성운동을 설명한다면 신사회운동론이 유용한 설명 도구가 될 수 있는 반면, 여성운동이 전개되는 과정을 설명하기 위해서는 자원동원론이 더 적절한 틀을 제공해 주기 때문이다.

신사회운동으로서 여성운동이 갖는 특징은 계급갈등에 우선하여 젠더질서에 초점을 두고 젠더정치를 추구하는 것으로 볼 수 있다. 여성운동의 대상으로서 젠더질서는 남성이 갖는 권력 때문에 젠더 불평등이 생기는 현상이다. 이는 뿌리 깊고 조직화된 사회의 역사적 관행이며 관계이다(Connell, 1995). 젠더질서에서 남성다움은 상위 질서에 속하고 여성다움은 하위 질서를 구성한다. 이러한 질서 위계에 따라 남성다움은 여성다움을 결정하는 기준이 된다.

젠더정치는 남성다움에 대한 여성다움의 종속성과 성별 차이의 차별화 극복을 목적으로 하는 정치적 움직임이다. 젠더정치에서는 전통적인 성별역할분리를 반대한다. 이러한 젠더정치의 결과 정치 엘리트 집단에서 증가하는 여성 비율, 교육·취업노동 분야 여성 진출 확대, 여성의 경제적·사회적 자율성 확대 등 현

상이 나타난다.

젠더정치가 가져오는 이러한 결과는 가부장제에 기초하여 형성되어온 기존 사고체계가 붕괴되고 새로운 가치체계가 형성되며 이러한 가치에 토대를 둔 체제 변화를 가져온다. 따라서 젠더정치는 기존 가부장제 가치 및 권력 구조에 대항하는 일종의 문화투쟁으로 볼 수 있다. 이러한 투쟁 과정에서 젠더정치는 국가가 갖는 긍정적 역할을 부인하지 않는다. 즉 중요한 정치 주체의 하나로서 여성운동은 젠더정치를 통하여 노동이나 자본의 이해관계에서 벗어나 국가와 협상하여 새로운 사회적 패러다임을 제시하는 노력을 한다. 여성운동은 젠더정치 과정을 수단으로 하여 가부장적 사회구조가 갖는 문제를 인지·해결을 위한 사회 구성원의 집합적 정체성 형성을 추구한다.

여성운동은 젠더정치 실현을 위하여 구체적으로 운동 과정을 조직해야 하는 과제를 갖는다. 여기에서 여성운동이 갖는 특성을 자원동원론 관점에서 부각시킬 수 있다. 여성운동은, 먼저, 기존 젠더질서에 저항하고 젠더정치를 추구하는 공동 목표와 연대의식을 갖는 사람들이 조직하여 행하는 집합적 행위로 볼 수 있다. 더 나아가 여성운동은 젠더질서 변화로 인하여 당장 이해관계가 변하는 당사자뿐만 아니라 운동 전문가로서 소위 양심적 지지자(conscience adherents)가 구성하는 조직으로서 모습을 갖는다. 조직으로서 여성운동은 인적 자원, 재정, 운영 프로그램, 네트워크와 연대를 토대로 활동한다. 이러한 여성운동의 활동은 외부에 존재하는 정치기회구조(political opportunity structure)의 영향을 받는다. 기존 젠더질서 변화를 추구하는 젠더정치의 중요한 주체로서 여성운동은 조직화·전문화·관료화되면서 지속적인 활동을 전개해 나간다.

나. 여성운동의 전개

성차별 철폐라는 이상을 추구하면서도 조직적 운동으로서 여성운동은 구한말 여성 중심 국채보상운동, 구국애국운동, 농촌계몽운동에서 먼저 찾을 수 있다. 1910년 식민지배가 시작되면서 여성운동은 항일운동 성격을 강하게 가졌다. 당시 송죽회, 대한민국 애국부인회, 대한애국부인회, 결백단 등은 상해 임시정부 군자금을 지원하는 등 독립운동에 앞장섰다. 1919년 3·1만세운동 이후 대중 계몽 교육을 운동 목표로 설정하는 단체들도 나타나기 시작하였다. 조선여자흥학회, 조선여자교육회, 토산애용부인회, 조선기독여자절제회, YWCA, 조선여자동우회 등이 대표적 단체이다. 이들 여성단체는 매우 다양한 운동 방향 및 이념을 가지고 있었는데 이러한 민족주의·자유주의·사회주의 계열 여성단체를 총망라하여 일제 식민지에 대항했던 근우회가 1927년 생겨났다. 그러나 근우회 활동은 1930년대 일제의 만주침략 이후 찾아온 혹독한 탄압정치 속에서 중단된다(한국여성개발원,1991: 225).

1945년 일제 식민지 해방 이후 발견할 수 있는 여성운동의 단초는 일제 강점기부터 있었던 공창제 폐지 움직임에서 찾을 수 있다. 일제가 만들었던 공창은 '조선이 해방되었으니 여성도 해방되고 그 중에서도 유곽의 여성이 해방되어야 할 것은 당연한 일이고...'[12]라는 신문 사설에서 볼 수 있듯이 일제 잔재를 청산하는 움직임에서 빠질 수 없었던 사회적 관심사가 공창 폐지였다. 당시 조선부녀총동맹을 비롯한 여성단체와 남조선과도입법의회에 속했던 박현숙, 황신덕 등 여성 지도자는 장면, 김법린, 김영규 등 정치 지도자와 손을 잡고 1948년 공창제 폐지를 이끌어냈다(박유미,2010).

1948년 대한민국 정부 수립 이후 여성운동은 다음과 같은 양상으로 나타났다. 첫째, 성매매, 가정폭력, 여성의 법적 불이익 등 여성문제를 해결하고자 하는 움직임이다. 이를 위하여 여성문제연구회(1952년)와 가정법률상담소(1956년) 등이 조직되었다. 둘째, 전문직 여성의 권익 보호를 위한 일종의 이익단체 성격을 가진 조직이 등장하였다. 대한여학사협회(1950년)와 여기자클럽(1961년) 등이 있다. 그 외 여가선용, 취미, 교양, 친목을 추구하는 단체로서 대한부인회(1948년)와 대한어머니회(1958년) 등이 있다. 이들 여성단체는 1959년 한국여성단체협의회(여협)로 조직화되면서 1970년대를 거치면서 정부등록단체로서 소비절약저축 등 생활개선운동, 자원봉사 활동, 주부 취미 교양 함양, 요보호여성 직업교육 및 선도 등 활동과 더불어 특히 가족법 개정을 주도하면서 활동을 이어나갔다(한국여성개발원,1991:226).

1980년대에는 민주화운동의 본격적 전개와 더불어 여성운동도 기존 체제에 저항하는 방향에서 진보적 성향을 강하게 갖는 양

---

12) 서울신문 사설, 1946년 7월 27일(박유미,2010:49에서 재인용).

상을 보였다. 기존 여성단체가 정부등록단체로서 활동하였다면 새롭게 등장한 여성단체는 '단체'라기 보다 우선 소규모 '조직'으로서 정체성을 가지면서 가부장적 사회문제로서 여성문제를 드러내는 식의 새로운 움직임을 보인 것이다. 그 대표적 예로서 가정폭력을 가부장적 사회구조 문제로서 처음 제기한 한국여성의 전화 설립을 들 수 있다(1983년). 1987년에는 여성사연구회, 한국여성노동자회 등 진보적 여성단체가 생겨나면서 기존 여협 주도 여성운동에 대한 대안으로서 한국여성단체연합(여연) 탄생도 있었다.

여협과 여연 양 단체는 보수적·진보적 여성운동을 대변하는 특징을 가지면서 한국사회 성차별 문제 해결에 나름의 노선을 구축하며 이를 바탕으로 기여하였다. 여성운동은 지향점에 따라 크게 보수자유주의적 경향과 노동운동적 경향, 그리고 섹슈얼리티에 초점을 맞추는 경향으로 분류할 수 있다. 이렇게 볼 때 여협은 주로 보수자유주의적 경향을, 여연은 노동운동·섹슈얼리티에 초점을 맞추는 경향을 보인다.

보수자유주의적 경향은 19세기 출현한 부르주아 여성운동에 토대를 두고 법적 기회의 평등 보장에 초점을 맞추는 경향을 보인다. 이런 의미에서 자유주의적 경향을 볼 수 있다. 사회주의 여성운동이 자본주의적 질서 파괴를 요구하고 근본주의적 여성운동은 '가부장적·성별위계적 기존 질서 파괴와 젠더 관계 재편성을 주장한다. 반면 보수자유주의적 여성운동은 기존 자본주의와 가부장적 사회질서에 대한 별다른 문제제기를 하지 않는다는 점에서 보수적이라 할 수 있다.

노동운동·섹슈얼리티에 초점을 맞추는 여성운동 경향은 사회주의 페미니즘과 급진주의 페미니즘으로 분류할 수 있다(정재훈,1988). 사회주의 페미니즘은 가부장적 젠더위계 질서를 자본주의가 이용하여 여성을 저임금 산업예비군, 무보수 가사돌봄노동 집단으로 착취하는 현상에 주목한다. 따라서 성차별 문제 해결을 자본주의 타도에서 찾는다. 급진주의 페미니즘은 사회구조 자체를 근본적으로 가부장적으로 본다. 임신·출산이라는 '생물학적 약점'을 가진 여성을 남성이 이용·착취하는 구조로 분석한다. 이런 맥락에서 임신·출산 거부를 포함한 기존 성별역할 관계의 전면적 재수정을 성평등 전략으로 보고 있다.

그러나 노동운동·섹슈얼리티에 주목하는 여연 중심 여성운동은 서구 경험에 근거한 사회주의·급진주의 페미니즘처럼 자본주의 타도나 남녀 생물학적 관계의 전면 재수정이라는 혁명적 요구를 하지 않는다. 오히려 19세기 말, 20세기 초 영국을 중심으로 출현한 복지페미니즘 전통에 근거한다고 판단할 수 있을 정도로(정재훈,1988) 여성노동자의 실질적 노동조건 개선을 통한 모성권 보장 등 매우 실용주의적 노선을 걷고 있다. 섹슈얼리티 문제도 가정폭력·성폭력·성매매 등 여성 대상 폭력을 문제시하고 이에 대한 정책적 차원 지원 방안을 요구하는 경향을 보인다.

따라서 여협과 여연은 따로 또 같이 노선을 걸으면서 노동운동, 여타 사회운동단체 등과도 협업하는 양상을 보인다. 여성 이슈에 따라 '여협 - 여연 - 노동운동 - 여타 사회운동단체' 간 따로 혹은 함께 하는 움직임을 볼 수 있다는 의미이다. 1980년대 이후 여성운동의 이러한 질적 변화는 1988년 남녀고용평등 제정 및 개정으로 이어졌다.

이미 1953년 시행된 근로기준법에서 모성보호 조항을 두었으며 노동조합법에서도 성별에 따른 차이를 금지하였다. 1962년 시행되었던 직업안정법을 1982년 개정하여 여성 취업 기회 확대 관련 국가 의무를 규정하기도 하였다. 1977년 시행되었던 직업훈련기본법도 1981년 개정을 통해 여성 직업훈련을 중시할 국가 의무 규정을 신설하였다. 그러나 이러한 법적 토대가 여성의 노동시장 진입에 실질적 도움을 주지 못하는 한계에 대한 비판이 1980년대 중반 이른바 유화국면을 맞이하여 민주화 운동·노동운동의 가시화와 여연 등장을 통한 여성운동 진영의 확대로 더욱 심화되었다. 이러한 비판은 1980년대 중반, 별도 입법으로서 '남녀고용평등법' 제안으로 이어졌다(한국여성개발원,1985:225). 입법 이후 고용기회 및 교육·승진·업무 배치·정년 등 부문에서 성차별 문제 개선에 미흡했던 규정에 대한 여성운동의 줄기찬 비판은 여러 차례의 법 개정으로 이어졌고 1998년 3차 개정에서는 성희롱에 대한 사업주 책임까지 인정하는 범위 확대라는 성과로 나타났다(김영란,2003:204).

1990년대는 이른바 문민화 움직임 속에서 여성운동이 다양화하여 성폭력과 가정폭력 문제를 부각시키고 관련 입법을 이끌어내는 성과를 보였다. 더 나아가 여성정책 개념이 등장하는 토대가 된 여성발전기본법 제정까지 여성운동이 주도하는 움직임을 보였다(김영화·손지아,2004:87). 성폭력범죄의 처벌 및 피해자보호 등에 관한 법률이 여성인권운동의 성과로 1994년부터 시행되었다(김엘림,2005:270). 이 법은 성범죄 처벌과 예방, 피해자 보호 기능의 혼재가 갖는 한계를 극복하기 위하여 2010년 성폭력범죄의 처벌 등에 관한 특례법과 2011 성폭력방지 및 피해자보호 등에 관한 법률로 분리 개정되었다.

1998년 시행된 가정폭력방지법도 빼놓을 수 없는 여성운동의 성과이다. 약칭 '가정폭력방지법'은 실제 두 가지 법률을 의미한다. 하나는 '가정폭력방지 및 피해자보호 등에 관한 법률'이고 다른 하나는 '가정폭력범죄의 처벌 등에 관한 특례법'이다. 피해 방지 및 피해자 보호법이자 처벌법인 셈이다. 가정폭력 문제는 이미 1980년대 초 한국여성의 전화 활동과 더불어 본격적으로 제기되었다. 그러나 관련 입법은 1995년 여협과 여연 산하 단체, 경제정의실천연합(경실련), 민주노총, 참교육을 위한 전국학부모회 등 노동·사회운동이 1995년 말 '가정폭력방지법제정을 위한 범국민서명운동'을 전개하면서 결성한 가정폭력방지법 제정 추진 범국민운동본부'의 추진력으로 가능했다(김기선미,1997:297).

1995년 12월 제정되고 1996년부터 시행한 여성발전기본법은 이전까지 존재했던 요보호여성 대상 부녀정책 개념을 없애고 보편적 여성정책 지향을 선언했다는 점에서 의미가 있다.[13] 여성발전기본법은 헌법의 선언적 남녀평등이념을 정책적으로 실천하

---

13) 1996년 7월 1일 시행 여성발전기본법 제3조 1. "여성정책"이라 함은 남녀평등의 촉진, 여성의 사회참여확대 및 복지증진에 관한 대통령령이 정하는 정책을 말한다.

기 위한 국가의 의무를 '여성발전기본계획' 수립 및 실천으로 명문화하였다. 여성발전기본계획은 특히 당시 문민정부가 표방한 세계화정책 추진 분위기를 여성운동이 활용하여 세계화 과정의 하나로서 사회 모든 영역에서의 남녀평등 이슈를 각인시키는 수단으로서 의미를 가졌다. 여성발전기본법은 "여성정책 패러다임이 '여성 발전'에서 '실질적 양성평등 실현'으로 전환되고 있다."[14]는 전제 하에 2014년 법 전면 개정을 거쳐 2015년부터 양성평등기본법으로, 여성발전기본계획도 양성평등기본계획으로 변경 시행 중이다. 여성의 성차별 문제에서 양성평등으로의 전환이, 또한 양성평등 강조 자체가 성평등과 비교할 때 적절한 개념이냐 라는 논쟁을 불러일으키는 대목이다. 관련 쟁점은 후술하기로 한다.

이 외에도 여성운동은 법률 제·개정, 여성 정치세력화, 평화통일 운동, 여성노동자 권리 확대, 여성문화 조성 등 각 분야에서 많은 기여를 하였다. 2000년 발생한 군산 성매매지역 화재 참사를 계기로 여성단체가 성매매방지특별법 제정과 성매매 문제 해결을 촉구한 결과(오장미경,2001:248~249), 한국은 성매매를 국가적 차원에서 법률로써 불법화한 몇 안 되는 국가적 사례를 갖게 되기도 하였다. 성매매 문제 제기 뿐 아니라 구체적 법률안 마련과 정책적 대안 제시 과정에서 여성운동의 역할이 지배적이었고 그 결과 이른바 '성매매특별법'이라고 하는 성매매방지 및 피해자 보호 등에 관한 법률(성매매방지법)과 성매매알선 등 행

---

14) '양성평등기본법 전부 개정 이유', 법률 제12698호.

위의 처벌에 관한 법률(성매매처벌법)이 2004년 제정될 수 있었다(정재훈,2007).

다. 여성정책적 대응

유엔(UN)은 1975년을 '세계여성의 해'로 선포하였고 같은 해 멕시코에서 제1차 세계여성대회가 열렸다. 1976년부터 1985년까지 유엔여성 10년을 제정하면서 '평등, 발전, 평화'를 주제로 유엔 차원의 여성 지위 향상 노력이 시작되었다. 1979년 유엔총회에서는 여성차별철폐 협약도 채택하였고 1980년 제2차 덴마크 코펜하겐 세계여성대회에서는 여성차별철폐위원회도 구성되었다. 국제외교정치 무대에서 유엔 중심의 이러한 움직임은 한국 여성정책에서도 중요한 의미를 가졌다. 남북체제 대결 상황에서 유엔무대에서의 정치에 민감하게 대응할 수밖에 없었던 한국정부 입장에서 국가적 차원의 여성문제 전담기구를 설립하라는 유엔의 권고를 무시하기 어려웠을 것이다. 유엔 권고 이후 당시 보건사회부는 산하 국립부녀직업보도소와 국립여성복지원을 통합한 가칭 확대된 '국립여성복지원' 설립을 추진하였으며 이 계획을 1980년 코펜하겐 세계여성대회 한국대표 기조연설을 통해 밝혔다. 그 결과는 1983년 한국여성개발원(현 한국여성정책연구원) 설립으로 이어졌다(한국여성개발원,1985:318).

한국여성개발원 설립은 기존 요보호여성 중심 부녀복지정책에서 전체 여성대상 여성정책으로 전환하는 최초 계기가 되었다. 한국여성개발원 설립과 동시에 국무총리 산하 여성정책심의위원회도 발족함으로써 부녀복지정책에서 여성정책으로의 전환 움직임이 가속화되었다. 그러나 중앙·시도·시군구 부녀지도협의회가 가족계획사업, 교양지도사업, 생활개선사업, 저축사업 등 이른바 새마을 사업 영역을 계속 담당하였고 윤락여성선도대책위원회도 중앙과 지역 단위로 활동을 이어감으로써 부녀복지정책틀을 1980년대에는 완전히 벗어났다고 보기 어려운 면도 있다.

1988년에는 정무장관(제2)실을 신설하여 훗날 여성가족부 출범의 토대를 만들었다. 청와대와 국회 간 정무 차원 업무를 담당하는 정무장관실을 확대 개편하여 따로 제2실을 만들어 여성·아동·청소년·노인 정책 관련 정책 조정 업무를 수행하도록 한 것이다. 1990년 정무장관(제2)실은 여성정책 업무만 전담하도록 조직 개편이 있었다.

1998년 진보적 여성운동과 비교적 가까운 거리를 유지하였던 국민의 정부 출범은 정무장관(제2)실이 대통령직속 여성특별위원회로 개편되는 계기가 되었다. 장관급 위원장 1인에 당연직 6인의 차관 등 15명의 위원으로 위원회 구성을 하였다. 당연직 차관 소속 부처로서 법무부, 행정자치부, 교육부, 농림부, 보건복지부, 노동부에는 과장급 여성정책담당관제도 도입하여 여성정책을 범정부 차원에서 추진하는 변화가 있었다. 여성특별위원회는 2001년 여성부로 개편되면서 한국은 성차별을 전제로 하여 정부 조직 차원에서 정책 대상으로 여성을 설정하는 몇 개 안되는 국가 사례로 남게 되었다.[15]

---

15) 여성부 혹은 여성가족부를 정부 부처로서 따로 두고 있는 국가는 독일,

이러한 정책 추진 체계의 변화 과정에서 유엔 차원의 여성정책은 한국 여성정책에 위드(WID)와 개드(GAD), 그리고 성주류화(Gender Mainstreaming)라는 새로운 개념을 선사하였다. WID는 Women In Development, GAD는 Gender And Development의 약자이다. 번역하자면 WID는 '발전 가운데 여성'이고 GAD는 '젠더와 발전'이다. 무슨 의미일까?

WID는 제3세계 근대화 과정에서 여성이 배제되었고 성차별이 심화되었다는 인식에 기초한 개념이다. 근대화 과정에서도 여성은 여전히 어머니나 아내로서 전통적 역할을 수행하는 존재로만 받아들여졌고 결국 노동시장과 정치 참여 기회를 제한당하여 계속 남성적 보호 아래에서 사회적 약자로 남게 된 문제에서 WID 개념은 출발한다. 결국 WID의 지향점은 여성의 노동시장 참여 기회를 확대하는 것에 맞추어졌다. 그러나 실제 WID 전략은 제대로 형성되지 않은, 즉 경제성장이 원활치 않은 제3세계 국가 여건에서 여성 취업기회 확대보다는 실제 여성이 어머니와 아내로서 경험하는 문제로서 가족계획, 건강·영양 관리, 자녀 돌봄 지원을 하는 것에 그치는 한계를 보였다(강남식,2005:287).

WID의 근본적 문제는 발전 과정에서 여성을 주체로 보기 보다는 지원해야 하는 대상, 즉 발전의 객체로 보았다는 점에 있었다. 여기에서 'WID는 제3세계여성을 타자화하는 개념'이라는 비판이 나왔고 이러한 한계를 극복하기 위하여 GAD 개념이 1985년 케냐 나이로비에서 개최된 제3차 세계여성대회에서 등장

노르웨이, 프랑스 등 몇 개국에 불과하다.

하였다. WID가 개입 대상으로서 여성에 초점을 맞췄다면 GAD
는 여성과 남성 간 자원이 불평등하게 분배되는 사회 구조에 초
점을 맞춘 차이를 보인다. 즉 WID가 발전 과정에서 생산하는
자원의 '재분배'를 여성에게도 공정하게 해야 할 것을 요구하는
개념이라면 GAD는 자원의 '분배 틀' 자체를 아예 바꿀 것을 요
구하는 개념이다. WID가 성차별의 결과를 시정하는 시도였다면
GAD는 성차별을 만드는 사회구조 자체를 바꾸자는 시도였다(강
남식,2001:214). 그래서 '젠더와 발전(GAD: Gender And
Development)'이 되는 것이다.

〈표 2-1〉 WID와 GAD 개념 비교

	WID	GAD
출발점	여성의 문제 여성이 겪는 성차별	여성과 남성 간 관계 젠더 질서
요구	발전의 틀 안에서 자원의 재분배	자원 배분의 틀로서 발전 방식의 변화
전략 목표	여성적 경험으로서 불평등 시정	정책 결정 과정 자체의 탈가부장주의화
여성의 정치 세력화에 대한 관심	낮음	높음

출처: 강남식(2001:214)

정책결정과정의 틀 자체를 바꾸길 요구하는 젠더와 발전 (GAD) 개념은 자연스럽게 성주류화로 이어진다. 성주류화(gender mainstreaming)는 이른바 여성적 영역 뿐 아니라 사회 모든 영역에서 모든 현상, 국가 입장에서 볼 때에는 궁극적으로 모든 정책을 젠더 차이를 고려하여 수립·실천해야 한다는 개념(김경희,2003:9)이기 때문이다. 젠더 차이를 고려한다 함은 모든 정책적 개입 과정에서 여성과 남성의 상이한 삶의 형편과 이해관계를 반영한다는 의미이다.

이러한 성주류화 개념 도입의 전제는 다음과 같다. 이른바 '성중립적 현실'은 존재하지 않는다. 여성과 남성은 자신에게 부여된 혹은 자신이 획득한 성역할에 따라 표면적으로 보기에 동일한 상황에서도 다른 경험을 하게 된다는 것이 성주류화 개념의 전제이다. 취업활동 기회는 남녀 동등하게 보장할 수 있지만(성중립적 현실), 대개의 경우 정책적 개입이 없는 상황에서 취업활동과 가사돌봄노동 이중부담은 남성보다는 여성의 몫이 된다(다른 경험).

성주류화를 고려하여 정책을 수립·시행한다 함은 다음과 같은 점을 정책 과정에서 고려해야 한다는 의미이다. 첫째, 정책 목적 및 목표, 수단, 대상, 급여와 서비스, 수혜 자격, 전달체계, 재정 관련 계획을 세울 때 성차별적 언어를 사용하는가? 둘째, 정책을 통해 성역할과 관련하여 어떤 가치를 전달하고자 하는가? 성주류화에 도달할 수 있는 수단으로서 무엇을 제시하고 있는가? 셋째, 여성과 남성이 겪는 '다른 삶의 경험'을 정책 목표 설정에서 어떻게 반영하고 있는가? 넷째, 정책의 주요 대상이 누구인가? 남성, 여성 혹은 둘 다? 다섯째, 정책 홍보용 책자에 남성과 여성의 모습, 남성적·여성적 역할이 어떻게 묘사되고 있는가? 남성은 공적 영역, 여성은 사적 영역 담당자라는 편견을 담고 있는가? 여성과 남성의 외모를 성상품화하는 경향은 없는가? 여섯째, 정책이 제공하는 서비스 접근 가능성이 남성과 여성 간 어떤 차이를 보이는가? 일곱째, 성인지적 예산 배정 개념을 적용하는가?

성주류화의 한 사례로서 성인지 예산을 보자. 성인지 예산은 남녀 성별로 다른 정책의 영향을 고려하여 이를 예산 책정에 반영하는 개념이다. 예를 들어 2006년 공중화장실법이 개정되어 공중화장실 여성용 변기가 남성용의 1.5배 이상이 되도록 하였다. 여성의 화장실 1회 이용 시간이 남성의 두 배를 넘는다는 분석에 기초한 법 개정이었다.16) 남녀 화장실 변기를 기계적으로 동수로 하여 예산을 책정할 때와 다른 규모의 예산을 편성해야 한다.

라. 양성평등의 양상

평등을 기회의 평등과 결과의 평등으로 나눌 수 있다. 기회의 평등에는 법적 기회 그 자체와 공평한 기회의 보장이 있다. 결과의 평등은 비례적 평등과 수량적 평등으로 분류한다. 한국사회는 지난 1980년대 이후 여성정책 추진체계 구축과 각종 성차

---

16) '성인지 예산제' 첫해 이름뿐, 사업적용 대상 2.5% 불과(한겨레신문 2010년 3월 6일(토) 5면).

별 폐지를 위한 입법 과정을 통해 기회의 평등 중에서도 법적 기회의 평등에 도달한 상태로 볼 수 있다. 지금 2·30대 자녀를 둔 중장년층이 한창 일했던 시기에는 남녀고용평등법에서도 육아휴직은 아이를 낳은 여성만 할 수 있었고 아빠는 아예 언급조차 없었던 점을 고려한다면 모든 분야에서 남성과 여성이 법적으로 보장된 기회를 동등하게 갖는 현상조차 새로울 수 있다. 3군 사관학교 여생도가 1990년대 이후 성장한 세대에게는 자연스러울 수 있지만 그 이전 세대에게는 여전히 낯선 모습일 수 있다.

1) 법적기회의 평등

법적기회의 평등은 자유주의를 토대로 한다. 신분 상승, 성취, 욕구 충족 등을 위해서 사회 구성원은 최소한의 기회를 가질 자유는 가져야 한다. 이런 의미에서 기회는 누구나 접근할 수 있도록 그냥 '존재하는 기회'이다. 존재하는 기회 이상의 정책은 개인의 경쟁력, 상상력, 창의력 등 능력을 감소시킬 뿐이다. 따라서 법적 기회의 보장 외에 개인은 다른 어떤 간섭으로부터도 자유로운 상태에 놓여 있어야 한다. 이러한 맥락에서 불평등을 해소하기 위한 정책적 수단은 따로 존재하지 않으며 존재할 필요도 없다. 사회와 시장의 자기조정기제가 작동하기 때문이다. 여성이 경험하는 성차별도 결국은 여성이 남성과 동등한 능력을 지니고 있음에도 불구하고 남성에게는 보장된 법적 기회를 갖지 못하기 때문이다. 따라서 법적으로 남성과 여성에게 모두 동등한 기회만 보장한다면 사회와 시장에 존재하는 공정한 경쟁을 통해 성차별 문제는 해소될 것으로 보는 입장이다.

　법적 기회 평등은 결과적으로 주로 중산층 여성이 정책 대상 집단이 된다. 법적 기회를 활용할 수 있는 경제·사회적 조건이 저소득층 여성과 비교할 때 좋기 때문이다. 여기에 법적 기회 평등 보장의 한계가 있다. 법적 제한 없이 기회가 존재하는 것은 불평등 해소의 필요조건이긴 하지만 출발에 불과한 조건이기 때문이다. 누구나 법적 제한 없이 학교를 다닐 수 있다. 그러나 한국사회 상당수 대학생은 부모로부터 물려받은 (절대적·상대적) 빈곤 때문에 학업에만 전념하지 못하고 이른바 아르바이트를 해야 한다. 부모가 경제적으로 지원 가능한 경우 학교 졸업 후에도 고시 공부에 전념할 수 있겠지만, 그러한 지원을 기대할 수 없는 청년은 능력이 있고 가능성이 보여도 고시공부 자체를 아예 포기하고 만다. 법적기회의 평등에서 더 나아간 정책적 지원에 대한 욕구가 존재할 수밖에 없는 상황이다.

　평등을 법적기회의 균등으로 동일시하는 관점은 한국사회가 온전히 개인이 가진 능력으로써 경쟁할 수 있는 사회라는 점을 전제로 하는 관점이다. 이러한 전제에 대하여 다음과 같은 좋은 언급이 있다. "이러한 사회 질서 하에서 특권층은 그들 자녀에게 유리한 점을 물려줄 것이다. 이는 능력 지배를 파괴할 것이다 (Giddens,1998:166)."

2) 공평한 기회의 보장

공평한 기회의 보장은 수정자유주의를 토대로 한다. 불평등을 해소하기 위하여 사회는 구성원이 본래 가진, 즉 귀속적 지위에 따라 갖고 있는 불평등한 상황에 주목해야 한다. 그리고 불평등 상황을 시정하기 위한 출발 수단으로서 기회를 의도적으로 제공해야 한다. 이런 의미에서 기회는 '의도적으로 제공하는 기회'이다. 장애인이 장애 때문에 비장애인과 같은 입장에서 경쟁할 수 없다. 장애인에게 대학입시를 볼 수 있는 똑같은 기회는 별 의미가 없을 수 있다. 대학교에 입학했지만 학교 구조 자체가 강의에 들어갈 수 없는 상황이 생길 수 있기 때문이다. 따라서 활동 도우미를 지원하든 학교 건물 구조 자체를 리모델링하든 현재의 불평등 상태에 맞춰 장애인 학생을 차별적으로 도와주어야한다.

이런 차원에서 긍정적 차별(positive discrimination)이 저소득층·장애인 등 사회적 약자로서 여성을 위한 좋은 정책적 개입 수단이 된다. 긍정적 차별은 능력을 고려한 보상을 해준다는 의미에서 형평 범주에 속하지만, 특히 사회적 약자를 대상으로 하는 개념(Jones · Brown · Bradshaw,1983:14)이라는 차이를 보인다. 이런 점에서 긍정적 차별을 이른바 '역차별'이라고 하기도 한다. 역차별이라는 수단을 통해 사회적 약자가 스스로 활동할 수 있는 구조를 만들었다면 그 다음은 개인의 능력에 따라 달라질 수 있도록 정책적 개입은 최소화하여야 한다. 긍정적 차별이라는 개입 때문에 '~로부터의 자유' 정도가 낮아지지만 긍정적 차별

조치 이후에는 간섭받지 않는 자유를 강조하는 경향을 보인다.

단순히 기회 보장에 그치는 것보다 의도적으로 기회를 제공하는 공평한 기회 보장은 사회적 약자의 많은 문제를 해결하는 전제 조건이 된다. 그러나 할당제로 상징되는 기회의 공평한 보장은 기회 제공 그 이후 과정에서 무력화되는 경우가 많이 있다. 눈에 보이지 않는 차별, 비가시적 차별의 존재 때문이다. 여성 고용 할당제, 장애인 고용 할당제로 취업했다 하더라도 직장 내 눈에 띄지 않는 배제, 승진 기회를 보이지 않게 가로막는 유리천장 같은 분위기, 배려도 포장한 능력 무시 등 문제가 존재한다.

3) 비례적 평등

비례적 평등은 가장 높은 수준의 기회의 평등이면서 형평 (equity)이라 부르기도 한다. 기회를 활용한 결과 결정된 사회적 지위와 능력에 따라 자원이 다르게 분배되는 상태를 평등하다고 보기 때문이다. 이런 의미에서 형평을 '정당한 분배(fair shares) (Jones · Brown · Bradshaw,1983:8)'라고도 한다.

비례적 평등·형평의 이데올로기적 토대는 보수주의이다. 보수주의에서 중시하는 사고는 사회의 지배적 규범과 전통적 가치 유지이다. 현대 자본주의 사회에 자리 잡은 전통적 가치와 사고는 자기책임, 경쟁, 자조, 안정적 사회관계 등이다. 자본주의 사회에서 개인은 자신의 노력만큼 보상받는다는 믿음과 신념을 갖고 있다. 따라서 국가와 사회는 개인이 이룬 성취에 따라 자원

분배가 이루어지는, 평등한 상황을 만들어야 한다. 이 때 물론 전제조건이 있다. 부모·가족의 지위(귀속적 지위)가 다음 세대에 주는 영향을 최소화하고 공정하게 경쟁할 수 있는 조건을 국가와 사회는 만들어야 한다. 빈곤 세습을 예방하기 위하여 국가가 적극적으로 개입하여 저소득층 자녀라도 자신의 재능을 마음껏 발휘할 수 있도록 지원해야 한다. 이런 의미에서 기회는 '제공할 뿐 아니라 관리하는 기회'이다. 기회의 개념이 단순한 제공 뿐 아니라 지속적 지원을 포함하기 때문에 '~ 을 할 수 있는 자유'를 강조하는 편이다.

그런데 보수주의 관점이 갖는 여성정책 관련 불확실성이 있다. 전통적 가치와 규범에서 볼 때 여성은 취업보다 가사돌봄노동에 적합한 존재이다. 그런데 이러한 가치와 규범이 급격히 변화하고 있다. 따라서 여성 사회참여가 확대되고 있지만 전통적인 남녀 성역할분리 규범으로 인하여 여성의 취업활동은 가사돌봄노동과 연결되어 이중부담이라는 결과로 이어지는 경우가 많다. 이러한 상황에서 바뀌어 가는 이른바 남녀 맞벌이 규범을 어떻게 보수적 가치와 규범으로 내재화하느냐에 따라 보수주의적 기회 관리의 영역 확대 정도가 결정될 것이다.

4) 수량적 평등

수량적 평등은 삶의 과정보다는 결과 자체가 평등해야 한다는 점에서 가장 높은 수준의 평등이며(Gilbert·Terrell,1998:70) 결과의 평등을 뜻한다. 이런 의미에서 가장 논쟁적 개념이기도 하다.

해당 사회 시민이라면 누구에게나 가능하면서 동등한 삶의 조건을 누릴 권리를 보장해 주어야 한다는 점에서 도덕적 해이 반론을 가능케 하기 때문이다. 요즘 한창 이슈가 되고 있는 기본소득도 수량적 평등 보장의 한 수단이 될 수 있다.

결과의 평등의 이데올로기적 토대는 사회민주주의이다. 사회민주주의 관점에서 볼 때 자본주의체제 시장은 국가가 아무리 기회 제공·관리를 한다 하더라도 가진 자에게 유리하게 작동할 수밖에 없다. 시장은 화폐수익을 극대화하기 위하여 행동하는 인간의 욕망이 지배하는 장소이기 때문이다. 이러한 인간의 욕망은 자본주의 체제 자체의 붕괴를 가져올 수도 있다. 수익·이윤 극대화를 위한 인간의 무한한 욕망 추구 본능이 독과점, 불공정 경쟁, 각종 불법·탈법 등으로 이어져 시장기제 작동의 전제인 '수요와 공급' 법칙을 망가뜨리기 때문이다. 따라서 이러한 자본주의시장 체제의 오작동 결과를 수정하기 위한 국가의 적극적 정책 개입이 필요하다. 과정을 평등하게 하기보다 결과를 평등해야 하는 논리이기도 하다. 이 과정에서 필요한 수단으로서 전통적 마르크시즘이나 사회주의처럼 자본주의 체제 타파를 외치지 않고 결과의 평등에 머문다는 점에서 사회민주주의라고 이해할 수 있다.

자본주의 체제 속성상 여성 취업활동이 확대될수록 가사돌봄노동과 취업활동에 있어서 여성의 이중부담은 증가한다. 자본 입장에서 볼 때에 남녀 성별역할분리 규범(남성 = 취업활동이라는 바깥일 하기에 적합한 존재, 여성 = 모성에 기초하여 집안일

하기에 적합한 존재)은 취업활동 여성이 임신·출산자녀 돌봄기 중 어느 순간 경력단절을 하는 상황을 만들기 때문이다. 이러한 경력단절 상황은 재취업 욕구가 있는 여성을 저임금으로 재고용 할 수 있는 조건을 만들어 준다. 여성은 언제든지 저임금 집단 으로서 고용할 수 있는 산업예비군으로 존재하는 것이다.

여성의 이러한 상황을 결과의 평등 관점에서 해결하려면 고용 과정에서의 평등은 조그만 출발에 불과하다. 직장 내 비가시적 차별도 법적 제재나 직장문화 개선, 의식변화로써 없애기도 힘들 다. 기업 최고경영자(CEO) 중 일정 비율을 여성으로 하는 이른 바 최고경영자 여성할당제, 전업주부 사회수당 지급, 누구나 이 용할 수 있고 서비스 질도 동일한 어린이집, 여성 정치대표성에 서 무조건 50% 보장 등등 대안을 생각해 볼 수 있다. 이러한 대안 중 당장 실현 불가능한 것도 많다. 재정적, 심리·정서적, 정 치적 차원에서 다양한 이유가 있을 것이다. 이것이 결과의 평등 개념이 갖는 가능성이면서 한계이다. 결과의 평등은 당장 문제 해결에 도움은 되지 않지만 높은 수준의 상상을 할 수 있는 가 능성을 제공한다. 그리고 곧 실현 가능한 대안도 제시하기도 한 다. 반면 현실적 제약 때문에 당장 실천 불가능한 대안도 많이 있다. 이러한 가능성과 한계를 인정하면서 결과의 평등을 무조 건 배척하지도 무조건 신봉하지도 않는 태도가 중요할 것이다.

지금까지 논의한 평등의 차원 내용을 요약하면 다음 표와 같다.

〈표 2-2〉 평등의 차원

	지향점			
	기회의 평등			결과의 평등
	법적 기회 그 자체	공평한 기회	비례적 평등	수량적 평등
개념	기회의 평등	긍정적 차별	형평 성취에 따른 자원의 분배	모든 시민이 가능한 동등한 삶의 조건에 대한 권리 보유
성차별 문제 해소 수단	법으로 남녀 모두에게 동등하게 보장하는 기회	주어진 기회에 따른 지위 보장	전제로서 공평한 기회 / 노력으로 달성한 결과에 대한 보상	(시민적) 권리에 따른 결과
이념	자유주의	수정자유주의	보수주의	사회민주주의
주요 정책대상 집단	중산층 여성	저소득층·사회적 약자로서 여성	모든 여성	모든 여성

5) 한국사회 평등의 모습

1950년대에 시작한 가족법 개정을 위한 여성운동의 노력 덕분에 이제 더 이상 딸이라고 해서 가족 내 지위, 상속, 권리 행사 등 모든 영역에서 법규정에 따른 불이익을 거의 받지 않는다. 1988년 제정된 남녀고용평등법은 일·가정양립 지원까지 포함하여 '남녀고용평등과 일·가정 양립 지원에 관한 법률'로 2008년에 바뀌었다. 남성육아휴직도 가능하다. 할아버지·할머니 세대처럼 '마누라를 사흘에 한번씩'이 아니라 잠시만 때려도 경찰서 신세를 질 수 있는 세상이 되었다. 성매매를 했다고 쌍팔년식 허세를 부렸다간 스스로 쇠고랑을 부르는 결과를 갖는다. 남자의 소유물로서 여자, 남자의 성적 욕구 충족 대상으로서 여자, 남자에게 순종하는 여자의 모습을 남자와 경쟁하는 여자의 모습이 대체하기 시작하였다.

이렇게 세상이 변했는데, 여전히 한국의 대표적 정치인이 간간히 언론을 통해 이런 이야기를 흘려서 대중의 분노를 사곤 한다.[17] '1등 신붓감은 예쁜 여자 선생님, 2등 신붓감은 못생긴 여자 선생님, 3등 신붓감은 이혼한 여자 선생님, 4등 신붓감은 애 딸린 여자 선생님'. 이 말은 2008년 당시 집권당 유력 여성 정치인이 했다는 말이다. "춘향전이 뭡니까? 변사또가 춘향이 따먹으려는 거 아닙니까?" 2011년 한때 대선 후보로 유력했던 남성 정치인의 이야기로 알려져 있다. "가정과 결혼을 보호·권장해, 성범

---

17) 여성신문 2016년 4월 9일 보도 내용을 토대로 재구성
(http://www.womennews.co.kr/news/view.asp?num=92842#.V1k8HruLS02)

죄를 해결해야 한다." 2012년 어느 전직 집권여당 대표의 표현이란다. "애 많이 낳는 순서대로 여성 비례공천 줘야 하지 않나. 애기 안 낳으신 분들은 잘릴 것. 저출산 해결 위해 조선족을 적극 받아들여야 한다." 이 말을 했다는 당시 집권여당 대표였다. "여성이 너무 똑똑한 척을 하면 굉장히 밉상을 산다. 약간 좀 모자란 듯한 표정을 지으면 된다." 2016년 당시 집권 여당 여성 최고위원이 후배 국회의원 선거 여성후보들에게 한 말로 알려져 있다.

한국사회 한 쪽에 법적기회의 평등을 토대로 하여 여성과 남성의 대등한 모습이 나타나고 있다. 그런데 다른 한 쪽에는 개인 자체가 입법기관으로서 헌법의 보호를 받는 국회의원의 수준에서 나오는 성차별적 발언이 있다. 이 모순을 어떻게 설명할 수 있을까? 이러한 현상은 모순일 뿐 아니라 한국사회 갈등 요인이 되고 있다. '성차별적 발언'이라고 부정적 표현을 했지만, 사실상 그러한 부정적 표현을 부정적 표현으로 받아들이지 않고 "그럴 수도 있지." 심지어 "맞는 말 아냐?"라고 생각하는 집단 규모도 만만치 않기 때문이다. 만약 그런 집단이 소수라면, 혹은 양성평등이 한국사회에서 누구나 받아들이는 사회규범으로서 이미 자리잡았다면 그런 발언을 한 정치인이 대중적 지지를 받아 다시 국회에 한 명도 입성하지 못해야 하는데 현실은 그렇지 않기 때문이다.

2016년 20대 총선에서도 여야를 막론하고 성차별적 발언으로 사회를 떠들썩하게 했던 정치인의 절반 이상이 선거에서 승리하였다.[18] 실제 발언이 성차별적이었느냐, 성차별 발언만 기준으로 표를 던지지 않았을 것이라는 등 논쟁의 여지도 있겠지만 지금까지 한국사회가 이룩한 양성평등 수준에 충분히 만족하거나 심지어 놀라는 집단이 있음을 반영하는 결과이기도 하다.

그렇다면 한국사회가 지금까지 이룩한 법적기회의 평등에 만족하면서 여전히 넘쳐나는 차별 실태와 여성에 대한 폭력과 혐오 현상을 일시적·부분적이라고 가볍게 지나칠 수 있을까? 답은 아니다. 그렇다고 해서 상당수 대중의 머릿속에 자리 잡은 "평등한 세상이 되었다. 여자 살기 좋은 세상이 되었다."의 인식의 실체를 부정해서도 안 된다. 오히려 그 실체를 일단 있는 그대로 바라보아야만 아직까지 뿌리 깊게 자리 잡고 있는 성차별 문제 해결을 위한 대안을 찾을 수 있기 때문이다.

지금까지 여성정책 차원에서 이룬 평등은 법적기회의 평등이다. 그리고 이 기회를 활용할 수 있는 중산층 여성 중심 사회참여 확대가 지난 30여 년간 지속되었다. 반면 다른 '한 쪽의 모습'이 보여주는 성차별적 관행과 태도에서 알 수 있듯이 한국사회 여성은 더 많은 공평한 기회의 보장, 비례적 평등, 그리고 수량적 평등 상황을 필요로 한다. 이런 의미에서 아직도 갈 길이 멀다.

---

18) 페미당 페이스북 2016년 4월 14일자 게시물(www.facebook.com/2016f emiparty) 참조.

3. 갈 길이 먼 상황

3. 갈 길이 먼 상황

여성 교육수준이 높아지고 사회참여도 확대되었고 특히 정치적 권력이 집중되어 있는 남성적 영역에 여성 진입자 수가 증가하는 현상이 존재한다. 그러나 한국사회 노동시장은 여전히 성차별적 형태를 보인다. 더 나아가 여성 취업활동 증가에도 불구하고 일·가정양립은 여성, 남성, 가족 모두에게 어려운 현실이다.

가. 노동시장 상황

노동시장에서 볼 수 있는 성차별적 양상은 낮은 여성 고용률, 여성적 취업 형태, 여성 경력단절, 성별임금 격차로 나타난다.

1) 고용률

고용률은 '생산가능인구(15세 이상 인구) 중 취업자의 비율'을 의미한다.[19] 따라서 여성 고용률은 15세 이상 10대부터 생산가능 연령대 별 여성 인구 중 취업활동을 하는 사람 수의 비율'을 뜻한다. 여성 고용률은 1960년대 20% 수준이었으며 1980년대를 거치면서 50% 가까이 도달한 후 지금까지 계속 50% 수준 이하에서 맴돌고 있다. 남성 고용률은 변함없이 75% 수준을 유지하고 있다(그림 3-1).

---

19) 통계청 용어 해설
    (http://www.index.go.kr/potal/main/EachDtlPageDetail.do?idx_cd=2894).

〈그림 3-1〉 성별 고용률(1963~2014년)

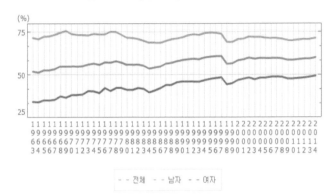

출처: 통계청 국가지표 체계 고용률
(http://www.index.go.kr/potal/enaraIdx/idxField/userPa
geCh.do?idx_cd=2894)

경제개발협력기구(OECD) 회원국 여성 고용률이 70~80% 수준
이며 남성 고용률과 그리 큰 격차를 보이지 않음을 감안하면(정
재훈·박은정,2012:21) 한국사회 여성 고용률은 매우 낮은 수준을
수십 년 간 유지하고 있다고 볼 수 있다. 게다가 최근 들어 주
변을 둘러보면 여성도 누구나 취업활동을 하고 있는 것 같고 게
다가 졸업 후 예전처럼 결혼으로 직행하려는 여성이 실질적으로
찾아보기 어려운 상황인데 왜 고용률은 30여 년 넘게 50%를 넘
지 못하는 것일까? 2015년 현재 여성 고용률은 49.9%, 여성은
71.1%이다(통계청,2016:14). 취업활동인구 수 감소에 따라 여성
고용률은 장기적으로 볼 때 상승할 것이다. 그러나 현재까지 여

성 고용률이 정체 상태인 이유는 지난 30여년을 지배해 온 여성적 취업의 특징이 있기 때문이다.

2) 여성적 취업의 특징

여성적 취업은 크게 두 가지로 설명할 수 있다. 하나는 취업생애주기로서 M자형 곡선이다. 또 하나는 직장생활에서 경험하는 이른바 '유리천장 효과'이다.

여성 취업생애주기 특징은 우선 M자형으로 설명한다. 남성은 학교 졸업 후 일단 취업노동시장에 뛰어들면 실질은퇴연령까지 대부분 지속적으로 노동시장에 머문다. 가족을 경제적으로 부양할 의무라는 규범 이행의 결과이다. 그러나 여성은 취업활동을 시작했지만 혼인·임신·출산을 하는 연령대에서 취업활동을 멈추는 경향을 보인다. 그리고 자녀돌봄 필요성이 약해지는 연령대부터 다시 취업활동을 재개한다. 학교 졸업 후 취업활동이 상승했다가 혼인·임신·출산기에 낮아지고 그 후 다시 높아지는 M자형 곡선을 보이는 것이 여성적 취업생애주기의 특징이다.

다만 이 M자형 곡선의 정점이 혼인 연령과 첫아이 출산 연령 증가로 인하여 점차 그래프의 오른쪽으로 밀리는 경향을 보이는 변화는 관찰할 수 있다. 2005년의 경우 여성 고용률 정점이 25~29세 연령층에서 나타났는데 63%였다. 2015년에도 정점은 같은 연령대에 머무르고 있지만 고용률은 68.6%로서 10년 전과 비교할 때 5% 이상 상승하였다.[20] 20대 이후 고용률 저하는 2005년에는 30~34세 사이에서 멈췄다(48.6%). 2015년에는 연령대가 35~39세로 상승하여 하락세가 멈추는 점이 10년 전에 비해 오른쪽으로 이동하였다(54.1%).

2005년에는 연령대 별 출산율이 25~29세 연령대에서 91.7명 (해당 연령 여성인구 천 명당 출생아 수)이 가장 높았고 2015년에는 연령대 별 출산율이 30~34세 연령대에서 116.8명으로 가장 높았던 현상(통계청,2016:9)을 반영한 결과이기도 하다. 출산 후 자녀 돌봄에 집중해야 하는 시기가 2005년에는 20대 후반에서 30대 초·중반까지로, 2015년에는 30대 중·후반이 되기 때문이다. 이에 반해 돌봄노동과 관련 없는 남성 취업생애주기는 청년기부터 고용률이 높아지기 시작하여 일정하게 높은 수준을 유지하다가 은퇴 연령에 이르러 고용률이 낮아지는 전형적인 '고원형' 형태를 보인다.

---

20) 2015년 현재 여성의 평균 초혼 연령이 30세이기 때문에(통계청,2016:1) 20대 후반까지는 혼인의 영향 없이 여성이 취업활동을 하는 경향을 반영하는 것이기도 하다.

〈그림 3-2〉 연령대 별 여성 고용률 변화(2005년, 2015년)

(단위: %)

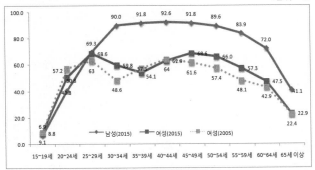

출처: 통계청(2016:49)을 토대로 재구성.

유리천장 효과는 직장생활을 하는 여성이 위로 올라가는 승진 과정에서 법적·가시적으로 보이지 않음에도 불구하고 여전히 남아 있는 차별 현상을 의미한다. 나만 열심히, 남자동료와 차이나지 않게 어린아이는 아주머니나 부모에게 맡겨두고 저녁회식을 3차까지 쫓아가면서 남들과 똑같이 몸을 던졌는데, 막상 승진 기회가 왔을 때 아무런 다른 이유 없이 단지 여자라는 이유만으로 남성 동료에게 밀리는 경우가 있다.

이와 같이 취업활동에서 여성을 차별하는 요인들을 모아서 영국 주간지 'The Economist'는 2015년에 유리천장 지표를 발표하였다. 물론 이 지수의 객관성을 공인할 수 있는 상황은 아니다. 또한 지표 자체가 고등교육 수준, 남녀임금 격차, 기업 임원 비율, 국회의원 비율 등 거시적 차원으로만 이루어져서 직장 내

미시적 요인을 반영하지 않는 한계도 보인다. 하지만 그럼에도 불구하고, 2015년 현재 한국은 경제개발협력기구(OECD) 회원국 중 유리천장 지수 점수가 100점 만점에 25.6점으로 최하위, 즉 유리천장 효과가 가장 큰 국가로 나타났다.[21]

유리천장 효과를 보여주는 가장 좋은 사례로서 기업체 여성 임원 현황이 있다. 연간 수익 100억 원 이상 기업체 내 최고 경영자 중 여성 비율은 2009년 평균 4.7%에서 2013년에는 6%로 상승하였다. 그러나 기업 최고 경영자 100명 중 여성은 6명에 불과하다는 의미가 된다. 급여 수준 역시 여성 최고 경영자는 남성 최고 경영자 평균급여의 73.2%, 1억4천여만 원을 받는 것으로 나타났다. 노동시장 성별임금 격차가 최고 경영자 차원에서도 비슷한 수준으로 반복되고 있다(표 3-1).

〈표 3-1〉 수입금액 100억 원 이상 법인 최고경영자 현황 (2009년, 2013년)

(단위 : 명, %, 백만 원)

구분	2009년			2013년			증감		
	인원	비중	평균급여	인원	비중	평균급여	인원	비중차이	평균급여
전체	23,934	100.0	169	30,888	100.0	193	6,954	-	24
남성	22,808	95.3	171	29,025	94.0	196	6,217	△1.3%p	25
여성	1,126	4.7	123	1,863	6.0	144	737	1.3%p	21

출처: 국세청(2015:7).

---

21) The Huffington Post 2015년 3월 7일
(http://www.huffingtonpost.kr/2015/03/07/story_n_6820754.html).

공무원의 경우에도 전체 공무원 중 여성 공무원이 차지하는 비율이 이미 2005년에 40%를 넘어섰고 고시 합격자 중 여성 비율도 같은 해를 기준으로 30~50%를 넘기 시작했지만 중앙직 4급 이상 공무원 중 여성 비율은 2015년 현재 12.4%에 불과한 실정이다. 고위공무원 중 여성 비율은 그보다 훨씬 낮은 3.7%이다(그림 3-3). 전체 여성 공무원 수 증가와 반드시 비례하지 않는 현상을 설명하는 요인으로서 공무원 사회에서도 보이지 않는 유리천장 효과를 짐작해 볼 수 있다.

〈그림 3-3〉 중앙직 4급 이상 공무원 중 여성 비율 (2000~2015년)

(단위 : %)

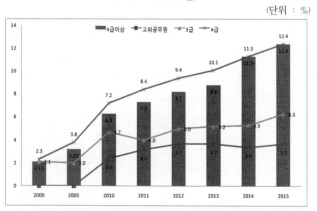

출처: '통계청(2014:38), 인사혁신처(2015:5), 인사혁신처 (2016:4)'를 토대로 재구성.

3) 여성 경력단절

다음과 같은 언론 보도가 있었다. "2011~2015년 서울시 퇴직자 현황을 보면, 남성은 50대 퇴직자가 883명으로 가장 많고, 60대(640명), 40대(229명)가 뒤를 이었지만, 여성은 30대가 236명으로 전체 여성 퇴직자의 절반 가까이 됐고, 이어 50대(109명), 40대(90명) 차례였다."[22]

상대적으로 육아휴직을 하기 좋고 근무 여건도 괜찮다는 공무원 사회의 한 단면이다. 남성은 결국 정년연령이 될 때까지 지속적으로 근무 하다가 퇴직하지만 여성은, 앞서 보여준, M자형 곡선에 정확히 맞아떨어지는 취업 형태를 보여주는 보도이다. 2015년 M자형 곡선의 최하점을 30대 중후반에 찍은 모습을 볼 수 있는데, 근무 여성 공무원 퇴직자는 정년연령이 아니라 30대에 가장 많이 퇴직하고 있는 것이다. 임신·출산의 영향으로 추론할 수 있는 부분이다. 여기에서 여성 경력단절 문제가 등장한다.

여성 경력단절에 대한 관심은 지난 30여 년간 지속되고 있는 저출산의 원인으로서, 그리고 여성노동력의 비효율적 활용에 따른 지속가능 성장 동력 상실, 그리고 여성의 일할 권리 박탈이라는 관점에서 최근 정책 이슈로 떠올랐다. 경력단절 문제에 대한 대응으로서 2008년 12월 '경력단절여성등의 경제활동 촉진법'을 시행하였으며 동법에 따라 '경력단절여성 등의 경제활동 촉진에 관한 기본계획'도 수립·시행하고 있다. 2008년에는 남녀고용평

---

22) '공무원 중에서도 고용안정성 높아... 매주 3번 이상 야근해요(한겨레신문 2016년 7월 7일 8면).

등법을 '남녀고용평등과 일·가정양립 지원에 관한 법률'로 개정하여 남성의 가사돌봄노동 참여 가능성도 확대하였다. 배우자 출산휴가와 육아기 근로시간 단축 조항을 신설한 것이다.

관련 법에서는 '경력단절 여성'을 다음과 같이 정의하고 있다. "경력단절여성등이란 임신·출산·육아와 가족구성원의 돌봄 등을 이유로 경제활동을 중단하였거나 경제활동을 한 적이 없는 여성 중에서 취업을 희망하는 여성을 말한다."[23] 더 정확히 말하면 법률 명칭도 '경력단절여성등'이고 개념 규정에서도 "경력단절여성등이란..."이라는 표현이 나온다. 경력단절여성 개념 정의를 하나의 범주로 하기 어렵기 때문이다.

취업활동을 전혀 한 적이 없고 전업주부로만 살아온 여성도 법에서는 경력단절여성 범주에 포함한다. 그런데 이러한 여성이 취업을 희망할 때 정책적 지원 대상에서 제외할 근거가 없다. 게다가 경력단절여성에 대한 관심이 2013년 박근혜 정권 출범과 더불어 주요 공약으로 내세운 고용률 70% 달성을 고려한다면 예전의 취업활동 여부가 문제가 아니라 현재 미취업활동인구를 취업활동인구에 편입시켜 고용률 실적을 높이는 것이 중요했을 것이다.

통계청 자료에 따르면 경력단절 여성은 2012년 15~54세 기혼여성 970여만 명 중 약 198만 명으로서 그 비율은 20% 정도이다. 기혼여성 5명 중 1명 정도가 경력단절 여성인 셈이다. 경력단절 통계를 처음 작성하기 시작한 2012년 이후 그 비율은 거의

---

23) 경력단절여성등의 경제활동 촉진법 제2조 1.

일정하게 나온다. 경력단절 요인 중 높은 비중은 결혼, 육아, 임신·출산, 자녀교육 순이다(표 3-2).

〈표 3-2〉 경력단절 여성 실태

(단위: 천명, %)

	2012년 6월		2013년 4월		2014년 4월	
15~54세 기혼여성(A)	9,747		9,713		9,561	
비취업여성(B)	4,049		4,063		3,894	
비율(B/A)	41.5		41.8		40.7	
경력단절여성(C)	1,978		1,955		1,977	
비율(C/A)	20.3		20.1		20.7	
합 계	1,978	(100.0)	1,955	(100.0)	1,977	(100.0)
육 아	493	(24.9)	571	(29.2)	627	(31.7)
결 혼	928	(46.9)	898	(45.9)	822	(41.6)
임신·출산	479	(24.2)	414	(21.2)	436	(22.1)
자녀 교육	79	(4.0)	72	(3.7)	93	(4.7)

출처: 통계청(2015:35)을 토대로 재구성.

기존연구에서도 대체로 여성 경력단절 요인을 혼인과 임신·출산, 육아에서 찾고 있다(김유경,2013; 박성미,2010; 엄경애·양성은,2011). 혼인 직후 여성 취업률은 80% 수준에서 40% 수준으로 하락하는데, 특히 저학력·비전문직(서비스, 판매, 단순 노무직 등) 집단의 경우에 더욱 그러하다는 연구도 있다(김유경,2013:42).

그러나 경력단절에 이르는 요인으로서 등장하는 결혼, 임신, 출산, 육아는 표면적으로 드러나는 현상에 불과하다. 결혼하고 아이 낳고 살면서도 일·가정양립을 할 수 있다. 그러나 가사돌봄을 (취업과 상관없이) 여성이 일방적으로 맡도록 하는 성별역할규범, 본인과 주변 인물(남편, 부모)의 모성이데올로기 등으로 인한 가사돌봄노동과 취업노동이 주는 이중부담이 경력단절로 이끄는 주요인이다. 특히 영유아기 자녀를 양육하는, 돌봄노동을 집중적으로 필요로 하는 시기에 남편의 가사돌봄노동 참여시간이 적고 결과적으로 여성에게 부담이 집중되면서 경력단절로 이어지는 현상(이영환·이수재,2007; 조주은,2009)(김은정,2013:620에서 재인용)에 주목할 필요가 있다.

여기에서 더 나아가 배우자의 소득 수준안정성이 높은 반면, 성별임금격차로 인하여 자신이 자녀돌봄을 포기하고 직장에 나가서 받을 소득이 어차피 적다면 여성 입장에서는 직장으로의 복귀를 결심하기 어렵게 된다. 자녀돌봄 대신 직장생활을 선택했을 때 잃어버릴 수 있는 기회비용이 낮다면 집에 머무를 가능성이 높아지는 것이다. 게다가 아이가 성장하여 더 이상 아이가 엄마의 돌봄을 집중적으로 필요하지 않아서 재취업하는 경우에도 질 낮은 일자리를 얻는 경우가 대부분이다. 재취업 후에도 가사돌봄부담으로 인하여 전업주부로서 정체성을 유지하는 여성(김양희,2013)이 저임금 하향식 재진입 후 취업 중단, 즉 재경력단절을 하는 경향을 볼 수 있다(박성미,2010:176).

〈그림 3-4〉 경력단절 요인

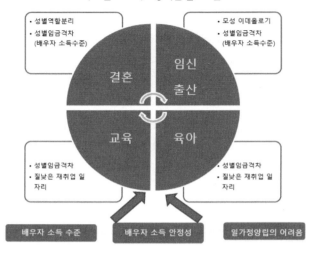

결국 여성 경력단절은 배우자 소득 수준, 배우자 소득 안정성, 일·가정양립의 어려움이라는 기본구조 위에 '결혼 → 임신·출산 → 육아 → 교육'으로 이어지는 과정에서 성별역할분리, 모성이데올로기, 성별임금격차, 질 낮은 재취업 일자리' 등 요인이 더해지면서 발생하는 일종의 경력단절과 재경력단절 간 순환구조라는 특징을 보이고 있는 것이다.

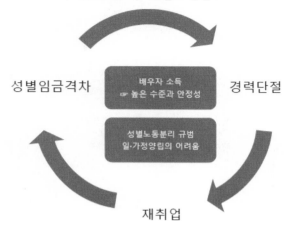

〈그림 3-5〉 경력단절의 순환구조

성별임금격차

배우자 소득
☞ 높은 수준과 안정성

성별노동분리 규범
일·가정양립의 어려움

경력단절

재취업

4) 성별임금 격차

성별임금 격차는 남성임금 중위값과 여성임금 중위값의 차이가 남성임금의 중위값에서 갖는 비율을 말한다. 다시 말하면 '성별임금격차 = {(남성임금 중위값 – 여성임금 중위값) ÷ 남성임금 중위값} × 100'이다. 경제개발협력기구(OECD) 회원국 중 한국은 성별임금 격차가 가장 높은 국가이다. 남성과 여성이 받는 임금 간 불평등이 가장 큰 국가인 것이다. 2000년의 40%보다는 약간 줄었지만 2015년 기준 37.5%로서 다른 국가와 비교할 때 압도적으로 큰 격차를 보인다(그림 3-6).

〈그림 3-6〉 경제개발협력기구(OECD) 주요 회원국의 성별임금격차 현황

(단위 : %)

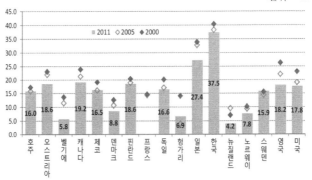

주 : (남성임금의 중위값-여성임금의 중위값)/남성임금의 중위값, 전일제 근로자 기준

출처: 한국고용정보원(2014.10), 고용동향 브리프 10월호, 1쪽

이를 달리 표현하면 남성 노동자 임금을 100%로 했을 때 여성 노동자가 받는 임금이 63.1%가 된다는 의미이다. 그나마 남성 대비 여성임금액은 2009년 62.3%에서 2012년까지 64%까지 올라가면서 미세하게나마 격차가 줄어드는 듯 했지만, 2013년 이후 다시 격차가 늘어나는 추세로 바뀌고 있다.

〈그림 3-7〉 한국의 성별임금 격차(2006~2014년)

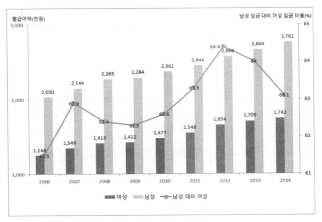

출처: 국가지표체계를 토대로 재구성.[24]

나. 일·가정양립

　일·가정양립 지원정책은 지난 몇 년간 변화를 보였다. 정책 내용도 풍부해지고 지원 수준도 높아졌다. 그러나 아직 현실에서 일·가정양립은 매우 어려운 과제이다. 이러한 현실 타개를 위하여 더욱 강력한 남성 일·가정양립을 강조하는 정책 전환을 생각해 볼 수 있다.

---

24) http://www.index.go.kr/potal/main/EachDtlPageDetail.do?idx_cd=2714

1) 정책의 흐름

'경력단절여성등의 경제활동 촉진법'과 '남녀고용평등과 일·가정양립 지원에 관한 법률'을 시행하고 '경력단절여성 등의 경제활동 촉진에 관한 기본계획'도 실천하는 이유는 일·가정양립을 통한 여성 경력단절 예방이다. 일단 경력단절을 하면 취업활동 복귀가 어려워진다. 노동조건이 급변할 뿐 아니라 경력단절 이전 수준의 일자리 질을 보장하는 자리를 찾기 어렵기 때문이다. 따라서 경력단절 자체 예방이 경력단절 대책의 가장 큰 과제이다. 그런데 2000년대 이후 여성 경력단절이 정책 이슈가 되면서 등장한 정책적 대응 방안의 큰 흐름은 다음과 같이 분류할 수 있다.

먼저, 경력단절 발생 이후 사후문제 해결을 위한 접근이다. '경력단절 발생 → 경력단절여성 재취업 → 경력단절여성 일·가정양립 → 여성 고용률 제고 + 저출산 현상 해소 → 지속가능 성장'의 구도를 그리는 것이다. 이러한 정책구도는 다음과 같은 정책목표를 갖는다. 첫째, 여성문제로서 경력단절을 해소하여 경력단절여성의 재취업을 가능케 한다. 둘째, 재취업 (경력단절) 여성이 더 이상 경력단절을 하지 않고 지속적으로 취업활동을 할 수 있도록 (경력단절) 여성의 일·가정양립을 정책적으로 지원한다. 이는 결국 여성 고용률을 높임으로써 저출산고령화 사회에서 점차 부족해지는 취업활동인구 수를 일정 규모 유지하는데 기여하고 결국 지속가능 성장을 가능하게 할 것이다. 만약 이러한 정책이 일정 정도 성과를 거둔다면 출산돌봄으로 인한 경력단절 후에도 지속적 재취업이 가능하다는 인식을 확산시킬 수 있다. 그 결과는 경력단절에 대한 두려움으로 인한 여성의 출산 기피 현상을 완화시켜 저출산 문제 해결도 가능하게 될 것이다.

다음은 여성의 일·가정양립을 가능케 함으로써 여성 경력단절을 예방하는 정책 흐름이다. '여성의 일·가정양립 → 여성경력단절 예방 → 여성 고용률 제고 + 저출산 현상 해소 → 지속가능성장' 구도이다. 경력단절 예방이 중요하기 때문에 먼저 여성의 일·가정양립이 가능하도록 정책적 지원을 함으로써 여성 경력단절 예방을 추구한다. 그러면 이른바 M자형 곡선으로 나타나는 임신·출산 후 여성 고용률 저하 현상도 사라지고 여성 고용률을 높일 수 있을 것이다. 돌봄·가사노동과 취업노동의 병행이 가능함을 인식하게 된 여성은 경력단절에 대한 두려움 없이 출산을 할 것이기 때문에 저출산 문제 해결이 가능하게 될 것이다.

마지막으로, 일·가정양립정책 대상을 여성이 아닌 남성을 포함한 부모로 확대하는 흐름이다. '독박육아(허백윤,2016)'라는 표현에서 볼 수 있듯이 여성에게만 일·가정양립을 '강요'하는 정책은 결국 취업·돌봄노동 이중부담을 어차피 여성만 갖게 되는 상황을 만들고 이는 '일 혹은 가정' 중 하나만을 선택해야 하는 결과로 이어진다. 대표적 사례가 초저출산 현상의 지속이다. 따라서 최근에는 부모의 일·가정양립을 강조하는 정책 변화를 볼 수 있다. "일·가정양립을 위해서는 남성의 육아참여가 관건이나, 여성중심 접근이 여전하여 높은 기회비용으로 인식, 출산 기피 영향…(대한민국정부,2016:24)." '부모의 일·가정양립 → 여성경력단절 예방

→ 저출산 현상 해소 + 여성 고용률 제고 → 지속가능 성장' 이
라는 정책 흐름이다.

〈그림 3-8〉 부모의 일·가정양립 정책 방향

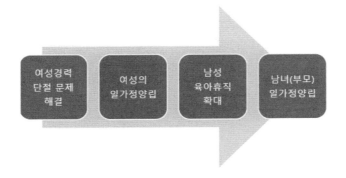

일·가정양립을 여성적 과제로 설정하는 것 자체가 돌봄·가사노
동과 취업노동 간 이중부담을 여성에게만 전가하는 결과를 낳는
다. 따라서 일·가정양립은 여성과 남성이 부부로서 함께 해결해
야 할 과제가 되어야 한다. 배우자와 함께 일·가정양립을 함으로
써 경력단절을 하지 않게 된 여성은 출산돌봄에서 오는 이중부
담에 대한 두려움 없이, 배우자가 그러한 부담을 분담한다는 신
뢰를 통해 적극적 출산 의지를 갖게 될 것이다.

지금까지 정책적 흐름은 '여성 경력단절 문제 해결 → 여성
일·가정양립을 통한 여성 경력단절 예방 → 부모 일·가정양립을
통한 여성 경력단절 예방'으로 변화하는 양상을 보인다. 그러나

아직도 정책 전환 자체가 선언적 의미에 머무는 현상이 강하다. 2020년까지 시행을 목표로 하는 제3차 저출산고령화사회 기본계획도 각종 다양한 정책을 풍부하게 나열하고는 있지만, 정책 주무부처 간 연결체계, 정책 우선순위, 중앙정부 - 지자체 간 역할분담, 지자체 역할의 중요성 등 많은 부분에서 보완이 필요하기 때문이다. 게다가 일·가정양립이 어려운 현실적 조건을 보면 매우 복합적이기 때문에 포괄적 차원에서 노동정책과 가족정책의 유기적 연결이 필요한 상황이다.

2) 일·가정양립 지원 정책 내용

일·가정양립 지원 정책은 크게 세 가지 차원으로 분류할 수 있다. 첫째, 휴가·휴직을 이용하는 것이다. 출산휴가와 육아휴직이 있다. 근로기준법 74조에 근거하여 산모는 출산 전후 90일, 다둥이 출산일 경우에는 120일 출산휴가 사용 권리가 있다.[25] 산모의 배우자도 '배우자 출산휴가' 1주일에 대한 권리를 갖는다.[26] 육아휴직은 부모 중 누구나 1년 범위에서 사용할 권리를 갖는다.[27] 1년 범위에서 일명 '아빠의 달'이라 하여 부모가 연이

---

[25] 근로기준법 제74조(임산부의 보호) ① 사용자는 임신 중의 여성에게 출산 전과 출산 후를 통하여 90일(한 번에 둘 이상 자녀를 임신한 경우에는 120일)의 출산전후휴가를 주어야 한다. 이 경우 휴가 기간의 배정은 출산 후에 45일(한 번에 둘 이상 자녀를 임신한 경우에는 60일) 이상이 되어야 한다. 〈개정 2012.2.1., 2014.1.21.〉

[26] 남녀고용평등과 일가정양립 지원에 관한 법률 제18조의2(배우자 출산휴가) ① 사업주는 근로자가 배우자의 출산을 이유로 휴가를 청구하는 경우에 5일의 범위에서 3일 이상의 휴가를 주어야 한다. 이 경우 사용한 휴가기간 중 최초 3일은 유급으로 한다.

어 육아휴직을 하는 경우28) 육아휴직 급여 상한액이 100만원에서 150만원까지 올라간다.29) 둘째, 유연·탄력근무 지원이 있다. 육아기에 근로시간을 단축한다든지30) 유연·탄력근무를 할 수 있게 하는 것이다.31) 셋째, 사회적 돌봄기회 제공이 있는데, 직장인의 경우 직장어린이집이 좋은 지원 수단이 될 수 있다.32)

---

27) 남녀고용평등과 일·가정양립 지원에 관한 법률 제19조(육아휴직) ① 사업주는 근로자가 만 8세 이하 또는 초등학교 2학년 이하의 자녀(입양한 자녀를 포함한다)를 양육하기 위하여 휴직(이하 "육아휴직"이라 한다)을 신청하는 경우에 이를 허용하여야 한다.

28) 이 경우 대체로 출산 여성이 먼저, 그 다음 남성 배우자가 하는 육아휴직이라는 점에서 '아빠의 달'로 부른다.

29) 고용보험법 시행령 제95조의2(육아휴직 급여의 특례) 제95조에도 불구하고 같은 자녀에 대하여 부모가 순차적으로 육아휴직을 하는 경우 두 번째 육아휴직을 한 피보험자의 최초 3개월의 육아휴직 급여는 월 통상임금에 해당하는 금액으로 한다. 이 경우 그 월별 상한액은 150만원으로 한다.

30) 남녀고용평등과 일·가정양립 지원에 관한 법률 제19조의2(육아기 근로시간 단축) ① 사업주는 제19조제1항에 따라 육아휴직을 신청할 수 있는 근로자가 육아휴직 대신 근로시간의 단축(이하 "육아기 근로시간 단축"이라 한다)을 신청하는 경우에 이를 허용하여야 한다.

31) 남녀고용평등과 일·가정양립 지원에 관한 법률 제19조의5(육아지원을 위한 그 밖의 조치) ① 사업주는 만 8세 이하 또는 초등학교 2학년 이하의 자녀(입양한 자녀를 포함한다)를 양육하는 근로자의 육아를 지원하기 위하여 다음 각 호의 어느 하나에 해당하는 조치를 하도록 노력하여야 한다. 1.업무를 시작하고 마치는 시간 조정 2. 연장근로의 제한 3. 근로시간의 단축, 탄력적 운영 등 근로시간 조정

32) 영유아보육법 제14조(직장어린이집의 설치 등) ① 대통령령으로 정하는 일정 규모 이상의 사업장의 사업주는 직장어린이집을 설치하여야 한다. 남녀고용평등과 일·가정양립 지원에 관한 법률 제21조(직장어린이집 설치 및 지원 등) ① 사업주는 근로자의 취업을 지원하기 위하여 수유·탁아 등 육아에 필요한 어린이집(이하 "직장어린이집"이라 한다)을 설치하여야 한다.

〈표 3-3〉 일·가정양립 지원 정책 수단

형태	명칭	주요 내용	법적근거
휴가·휴직	출산휴가	출산 전후 90일	근로기준법 74조
	배우자 출산휴가	남성 배우자 1주일	남녀고용평등과 일·가정 양립 지원에 관한 법률 18조 2
	육아휴직	만8세 이하 혹은 초등학교 2학년 이하 자녀 돌봄	남녀고용평등과 일·가정 양립 지원에 관한 법률 19조
	특례 육아 휴직급여	아빠의 달	고용보험법 시행령 95조 2
유연·탄력근무	육아기 근로시간 단축	육아휴직 대신 사용	남녀고용평등과 일·가정 양립 지원에 관한 법률 19조 2
	근로시간 단축·탄력적 운영	만8세 이하 혹은 초등학교 2학년 이하 자녀 돌봄	남녀고용평등과 일·가정 양립 지원에 관한 법률 19조 5
돌봄시설	직장 어린이집	상시 여성근로자 300명 이상 또는 상시근로자 500명 이상 고용 사업장	남녀고용평등과 일·가정 양립 지원에 관한 법률 21조 영유아보육법 14조

현재 한국사회에서 부모가 가장 많이 사용하는 혹은 사용할 수 있는 일·가정양립지원정책은 '출산휴가 → 육아휴직 → 근로시간단축제 → 유연·탄력근무 → 직장어린이집' 순이다(대한민국정부,2016:25). 그런데 급변하는 노동환경을 고려하면 출산·육아로 인한 휴직 후 가능한 빨리 직장에 복귀하는 것이 바람직하다. 출산부모가 일·가정양립을 하는데 있어서 가장 효과적 수단은, 그래서, 유연·탄력근무와 직장어린이집이 될 수 있다. 하지만 사용할 수 있는 여건을 전제로 했을 때 출산휴가일 뿐이지, 한국사회 직장문화와 노동환경에서 출산휴가와 더불어 육아휴직을 한다는 것은 사실상 직장을 그만두는 과정의 시작으로 볼 수 있을 정도이다. 현실에서 일·가정양립이 어려운 상황에 대해 더 알아보자.

3) 일·가정양립의 어려움

2016년 7월부터 시작한 '맞춤형 보육 서비스' 때문에 많은 논쟁이 있었다. 특히 전업주부일 경우에는 종일반에 아이를 맡길 수 없다는 내용 때문에 전업주부에 대한 차별 논쟁이 있었고, 전업주부 자녀의 맞춤반 운영으로 인해 수익 감소를 우려한 민간영리 어린이집 단체를 중심으로 한 반대의견이 있어서 시끄러웠다.

그런데 이런 논쟁 중 부각된 점 하나가 "전업주부의 경우 종일반이라도 아이를 일찍 데려가기 때문에 상대적으로 아이를 어린이집에 오래 (그러나 법적으로 보장된 시간만큼) 맡기는 취업

부모가 어린이집 측 눈치를 보게 된다."는 것이었다. 취업부모의 일·가정양립이 얼마나 힘든가를 보여주는 대목이다. 법적 권리로서 어린이집을 이용할 수 있게 되어 있고 게다가 그 비용마저 국가에서 지원해 줌에도 불구하고 막상 돌봄 서비스 현장에서는 이해관계가 얽혀서 정책 효과가 제대로 나지 않는 것이다.

엄마들의 출근시간은 오전 7시에서 8시 사이에 몰려있는데, 아이가 어린이집 가는 시간은 오전 8시부터 몰리는 경향을 보인다(그림 3-9). 결국 직접 아이를 어린이집에 데려다줄 수 있는 엄마 수가 상대적으로 적게 된다. 한국사회에서 이 자리를 아빠가 메울 수 있는 상황도 아니다. 할머니, 할아버지 등 다른 가족이 그 역할을 대신 하거나 아이 스스로 어린이집 차가 올 때까지 기다리는 상황이 생긴다. 이런 상황의 반복이 결국 엄마의 경력단절로 이어질 것이다.

아이가 집으로 돌아가야 하는 시간도 오후 3시에서 5시 사이에 몰리는 경향을 보인다. 그러나 엄마의 퇴근 시간은 오후 6시 이후이다(그림 3-9). 아침과 마찬가지 상황이 벌어진다. 아빠의 오후 6시 정시 퇴근은 한국사회 직장문화에서 상상하기 힘들다. 그나마 엄마는 아이 때문에 일찍 혹은 정시 퇴근이 용납되지만, 아빠가 그러기에 어려운 직장문화가 여전히 큰 흐름으로 존재하고 있다.

〈그림 3-9〉 취업여성 출퇴근 시간 및 어린이집 이용시간 차이

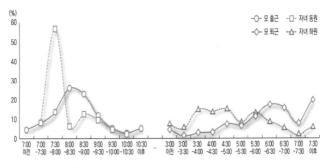

출처: 대한민국정부(2016:22).

이처럼 정책적 노력에도 불구하고 현장에서의 관련 집단 간 이해관계가 얽혀서 정책효과가 제대로 나타날 수 없는 구조가 일·가정양립을 더욱 어렵게 하는 요소가 되고 있다.

"맞춤형 보육 논쟁의 민낯", 경향신문 2016년 7월 2일 27면

어린이집으로 상징되는 보육서비스 현장이 1일부터 시행 중인 '맞춤형 보육정책' 때문에 시끄럽다.

어린이집 관련 단체는 이에 반발해 집단 휴원 강행. 보건복지부는 '불법 행위에 대한 엄정한 대처'로 맞서고 있다. 이러한 대치 상황의 결과를 좀 냉소적으로 표현하겠다. 어린이집 집단 휴원은 찻잔 속 태풍에 그칠 것이고, 복지부의 엄정한 대처는 종이호랑이식 엄포가 될 것이다. 왜? 어린이집은 이윤을 남겨야 하고 복지부는 현 정권의 입맛에 맞춰 예산 절감형 복지서비스 효율화를 위해 노력하는 모양새를 갖추면 되기 때문이다. 그 후 어떤 정책 기조를 유지해야

할지는 내년 대선 이후에 등장할 청와대 권력의 성향에 맞춰 준비하면 된다.

맞춤형 보육정책 자체가 잘못된 정책 기조는 분명 아니다. 부모와 아동의 욕구에 맞춰 보육서비스를 제공하겠다는 정책을 누가 잘못됐다고 할 수 있나?

문제는 5년짜리 단임 정권의 입맛과 관계집단의 이해관계에 얽혀서 정책의 토대와 지향점이 갈 길을 잃어버린 상황이다. 한국사회에서 언제부터 이렇게 대규모 재정 투입을 하면서 보육에 관심을 갖게 되었나? 저소득 노동여성 중심의 지역사회 탁아운동이 1980년대부터 본격적으로 모습을 드러내긴 했다. 하지만, 결국 사회적 돌봄으로서 보육에 대한 한국사회의 관심은 2000년대 초반부터이다. 2003년 노무현 정권 등장 이후 급격히 확대된 보육예산이 그 근거이다.

왜 그랬는가? 저출산과 여성 경력단절 때문이다. 여성 교육 수준 향상, 가치관의 변화, 남성 홑벌이로써 보장하기 어려운 안정적 가계 상황 등은 젊은 여성세대 중심 취업률 증가 현상을 가져왔다. 이는 당연히 사회적 돌봄, 즉 보육서비스 관련 욕구 확대로 이어졌다. 그러나 절대적으로 부족한 보육시설과 안심하고 맡기기 어려운 보육서비스 환경은 여성의 취업·돌봄노동 이중 부담으로 이어졌다. 여성에게는 출산을 기피하든지 출산 후 경력단절을 해야 하든지의 강요된 선택 상황이 남았을 뿐이다. 사회적 돌봄 확대를 통해 출산율도 높이고 경력단절로 인한 인적자원 낭비도 막아보자는 보육정책 기조가 그래서 등장한 것이다.

지난 10여년에 걸쳐 어린이집을 중심으로 보육서비스는 양적으로 크게 확대되었다. 전체 대상 아동의 80%에게 보육서비스를 제공할 수 있을 정도이다. 사실상 부모가 원하기만 하면 자녀를 맡길 수 있는 어린이집이 100% 있다는 의미이다. 그런데 부모 중 상당수는 안심하고 맡길 어린이집이 없다고 한다. 그리고 많은 여성이 차라리 경력단절을 하고 전업주부의 길을 택한다. 양적 확대를 질적 수준이 따라가지 못한 결과이다. 왜 이런 결과가 생겼는가?

보육시설의 양적 확대를 쉽게 하는 방법으로서 민간영리 어린이집 확대라는 정책 기조를 유지했기 때문이다. 여기에 더해 2012년부터 부모의 소득수준이나 개별적 욕구와 관계없이 12시간 기준 2세 이하 아동을 대상으로 무상보육을 실시하였다. 내 자녀를 돌보는 비용이 '안 쓰면 어차피 사라질 돈'이 되었다. 그리고 이 돈을 보고 민간 사업자들이 몰려들었다. 부모든 어린이집 운영자든 개인을 탓

> 하고자 하는 말이 아니다. 자본주의 사회에서 누구나 그렇게밖에 할
> 수 없는 구조를 국가가 앞장서 만든 것이다. 보육서비스 비용은 우
> 리의 세금으로 국가가 조달하고 있지만 전달체계는 민간 사업자에게
> 저당 잡힌 상황이 되었다.
>
> 이러한 상황을 구조적으로 변화하기 위한 노력 없는 맞춤형 보육
> 정책은 현재 전업주부와 취업부모 간 갈등만을 부추길 것이다. 12시
> 간 보육료를 지원받으면서 아이를 늦게 찾아가는 취업부모를 눈치
> 보게 만들었던 어린이집은 종일반 확보를 위해 좀 더 취업부모와 자
> 녀에게 친절해질 것이다.
>
> 복지부는 어린이집 운영비로서 기본보육료 인상이라는 당근을 통
> 해 어린이집 단체를 달랠 것이다. 예산의 효율적 집행 모양새를 갖
> 춘 복지부와 운영비 보전이라는 실익을 챙긴 영리 어린이집의 공생
> 관계가 결국 지속될 것이다. 국공립어린이집 자체가 만사형통의 답
> 은 분명 아니다. 그러나 맞춤형 보육정책 논란은 다시 한 번 보육정
> 책의 기본토대를 회의하게 되는 계기를 마련해주고 있다. 유감이다.
>
> 〈정재훈 서울여대 사회복지학과 교수〉

게다가 육아기 단축근로, 유연·탄력근무를 하려면 그 전제 조
건으로 통상적 노동시간 자체가 적정해야 한다. 그러나 한국 노
동자 연 평균 노동시간은 2014년 현재 2,057시간으로 경제개발
협력기구(OECD) 회원국 평균 1,706시간보다 20% 이상 더 길다
(대한민국정부,2016:24). 장시간 노동시간 문제 해결이 없는 가운
데 단축근로, 유연·탄력근무를 하려는 시도는 직장 동료 간 반목
만 조장하거나 유연·탄력근무 사용자가 결국 직장을 그만두는 계
기가 될 수 있다. 사용자 관점에서는 일·가정양립을 통해 인력관
리 비용을 절감하고 높은 생산성을 유지할 수 있다는 확신이나
인식이 없다. 직장어린이집을 제공하기에 인식도 모자라고 재정
여건도 안 되는 중소기업이 너무나 많다. 이런 환경에서 "여자가

집에 가서 애나 보라."는 분위기가 여전한 성차별적인 직장 환경은 일·가정양립을 어렵게 하는 중요한 요인이다. 한국사회 여성은 일·가정양립을 하기 위해 필사적으로 노력하고 있다. 그리고 좌절하기도 한다.[33] 결과는 돌봄영역에서 남성은 사라지고 여성만 남는, 여성의 '육아독박' 상황이다. 여성 사회진출이 확대되었음에도 불구하고 여전히 '남성은 밖에서 돈 버는 존재, 여성은 (밖에서 돈은 벌지만) 집안일 하는 존재'라는 성별역할분리규범이 남아서 남녀 일·가정양립의 걸림돌이 되고 있다.

〈그림 3-10〉 일·가정양립의 어려움

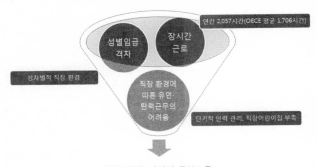

남성 배제, 여성의 돌봄노동

이런 상황에서 앞으로 또한 어떤 변화가 필요할까? 방향은 남성의 일·가정양립이다. 왜 그런지 한국 상황과 독일 사례를 비교하면서 한번 생각해 보기로 하자.

---

33) SBS 뉴스토리(2016.6.25), 엄마의 선택 - 저, 일할 수 있을까요

4) 남성 일·가정양립[34)

통계청 발표에 따르면 2014년 출생아 수가 43만5천3백 명으로 1970년 관련 통계 작성 이후 두 번째로 낮은 수준을 기록했다. 가장 낮은 출생아 수는 2005년의 43만5천 명이었다. 그런데 합계출산율은 1.21명을 기록해서 2013년보다 1.19명보다 소폭 증가했다. 출생아 수는 바닥을 치고 있는데 출생률이 왜 증가했을까? 합계출산율 공식 때문이다.

합계출산율은 '여자 1명이 평생 낳을 것으로 예상되는 평균 출생아 수'이다. 그런데 합계출산율 계산 공식의 분모를 구성하는 가임여성 나이가 15세에서 49세이다. 최근 출생아 수 감소에도 불구하고 출산율이 소폭으로라도 증가하는 중요한 이유가 여기에 있다. 베이비붐 세대 여성이 합계출산율 분모에서 빠지고 있기 때문이다. 당분간 출생아 수 감소 혹은 정체에도 불구하고 출산율은 지금보다 증가하거나 최소한 나빠지지 않을 것이다. 따라서 현재의 출산율 자체를 놓고 저출산 문제가 "조금씩이나마 좋아지고 있다."는 망언이 나오지 않길 바랄 뿐이다.

정부의 저출산 극복대책 중 빼놓을 수 없는 것이 일·가정양립 정책이다. 이 정책 기조는 여성의 일·가정양립에서 시작했는데 최근에는 선언적 의미에서라도 '남녀' 일·가정양립을 강조하는 변화를 보이고 있다. 여성이 이른바 '육아 독박'을 쓰는 상황에서는

---

34) '정재훈(2016.7.2), 남녀 일·가정 양립 정책의 예견된 실패, 여성신문 19면'을 옮겨온 내용이다.
(http://www.womennews.co.kr/news/95347#.V3oj2I0krIX)

출산기피를 할 수 밖에 없다는 문제 진단에서 나온 변화이다. 바람직한 일이다. 그런데 일·가정양립정책 기조는 '남녀'가 아니라 사실상 남성 일·가정양립을 강조하는 방향으로 가야 한다. 여성은 이미 일·가정양립을 위해 '나쁜엄마' 소리를 들어가면서 헤어지기 싫어하는 아이를 남의 손에 맡겨 놓고 출근하는 악전고투 상황을 겪고 있기 때문이다.

"여성도 제대로 일·가정양립이 안 되고 있는데 남성의 일·가정양립을 강조하는 것은 시기상조이고 단계가 맞지 않는다."는 반론이 있을 수 있다. 이 반론 자체가 돌봄은 여성적 영역이라는 편견을 담고 있다. 취업활동과 '독박육아'를 병행해야 하는 여성의 상황은, 남성의 일·가정양립을 가능케 하는 정책이 집중적으로 그리고 신속히 시행되면 저절로 사라질 것이다. '나쁜아빠' 담론이 한국사회에 퍼질 틈도 주지 않고 취업 남성이 가사돌봄노동에도 참여할 수 있는 신나는 상황을 상상해 보라.

그러나 최근까지 한국사회 분위기는 전혀 그렇질 않다. 일·가정양립에 앞장서겠다며 경제5단체가 중심이 되어 작년 12월 15일에 내놓은 '경제계 실천 선언문'은 돌봄주체를 '개인, 청년, 근로자'로 표현하고 있다. 돌봄주체로서 여성의 문제를 가리는 내용이다. 그리고 '여성에게 편중된 육아가사 부담을 줄이는 직장문화 조성과 남성도 자유롭게 쓰는 육아휴직'을 위한 노력을 다짐하고 있다. 남성은 육아휴직만 하면 가사돌봄에서 책임을 다한다는 인식의 반영이다. 여기에 더하여 남성 육아휴직 활성화를 위한 정부 대책은 전환형 시간선택제와 '아빠의 달' 3개월 확대에 초점을 맞추고 있다. 그렇게 해서 육아휴직을 2~3개월 하는 남성이 '파격적으로 증가'할 수 있다는 웃음을 자아내는 전망을 내놓고 있다. 이러한 전망에 따른 정책 목표가 2020년 남성 육아휴직 비율 15%이다. 2015년에는 5,6%이었다(고용노동부,2016:11).

이 두 가지 정책이 과연 이 모습대로 성공할 수 있을까? 둘 다 실패할 것이다. 전환형 시간선택제는 '유연근무제'의 한 형태이다. 유연근무제 자체는 일·가정양립의 중요한 전제 조건이다. 그러나 한국은 경제개발협력기구(OECD) 가입국 중 최장 노동시간 국가이다. 이 문제를 해결하기 위하여 정부와 노사가 머리를 맞대지 않는 이상, 전환형 시간선택제는 공염불에 그치고 말 것이다. 유연근무가 가능하려면 노동시간부터 단축되어야 하기 때문이다.

게다가 '아빠의 달'을 통한 육아휴직 때 아빠가 받을 수 있는 육아휴직 수당은 급여의 100%이지만 월 최대 150만원을 넘을 수 없다. 그나마 길어봤자 3개월이다. 이것도 아빠의 달 기간에는 본래 급여의 85%만 받고 직장 복귀 후 6개월 후 나머지 15%를 받도록 되어 있다. '아빠의 달' 기간 동안 다른 취업활동 안하고 실제 육아휴직을 했는지 확인한 후에 나머지를 주는 것이다. 따라서 소득의 손실보전 기능은 여전히 약한 상황이다. '아빠의 달' 기간 동안 실제 수령하는 육아휴직 수당액은 150만원의 85%라 했을 때 127만 5천원이다. 부부와 한 자녀만 있다 하더라도 가족 1인당 42만 5천원씩 돌아가는 금액이다.

참고로 2017년도 국민기초생활보장제도의 의료급여 수급 자격이 되는 소득 수준이 3인 가구 기준 월 최대 143만 1천원 정도이다.[35] 1인당 47만 7천원인 셈이다. '아빠의 달'을 사용하는 가족은 국민기초생활보장제도의 의료급여 수급가족보다 더 낮은 소득수준으로 살아야 하는 셈이다. 모아 놓은 돈이 많이 있거나 부모로부터 물려받은 자산이 없다면 '아빠의 달'을 사용할 수 있는 아빠, 특히 홑벌이 아빠가 나오기 힘든 이유이다. 결국 노동시간도 줄여주지 못하고 소득도 보장해 주지 못하는 정책으로써 남성 일·가정양립을 어떻게 하겠다는 것인가? 시간도 못주고 돈도 못주면서 아이를 돌보라는 것은 금수저를 입에 물고 태어난 부모에게나 가능한 이야기다.

1970년대 이후 지속적 저출산 문제를 겪고 있는 독일 사례를 보면 어느 정도 정책 방향이 보인다. 우선 일·가정양립을 가능케 하는 노동시간 단축(주 40시간 이하 근무)이 노동운동의 성과로서 정착되었고 이를 기반으로 다양한 형태의 유연근무제가 시행되고 있었다. 이러한 상황이다 보니까 남성의 일·가정양립이 빠른 속도로 사회 규범으로 자리 잡아 가고 있다. 더 나아가 2007년 이른바 '가족정책의 대전환'의 하나로서 도입한 부모시간수당 (Elternzeit und -geld)은 육아휴직 급여 수준을 소득의 67%, 최대 월 1,800유로까지 보장해 주고 있다. 2007년 이전 월 300유로 정액제 육아휴직 급여로써는 남성 육아휴직을 유도할 수 없

---

35) 정확히 하자면 1,431,608원이다. 보건복지부 홈페이지
(http://www.mohw.go.kr/front_new/al/sal0301vw.jsp?PAR_MENU_ID=04
&MENU_ID=0403&CONT_SEQ=333418&page=1).

다는 인식에서 월 소득의 67% 정률제 전환을 한 것이다(정재훈·박은정,2012). 그런데 월 최대 1,800유로는 한화로 약 250만원 수준이다. 독일의 1인당 국민소득이 한국의 2배에 가까운 점을 감안하면 한국의 월 150만원과 많은 차이가 없을 듯하다. 그러나 이 상황에서 독일 부모는 의료비 등 자녀돌봄에 있어 추가 비용 부담 걱정을 하지 않아도 된다.

결국 노동시간 단축에 따른 유연근무제 정착, 보편적이면서 보장성 수준 높은 사회보장제도 기반 위에 소득 손실을 보전해 주는 비교적 높은 수준의 정률제 육아휴직 수당이 남성 일·가정 양립을 가능케 하고 있다. 그리고 남녀성별역할분리 인식을 바꾸는 계기를 만들고 있다.

독일의 이러한 변화가 지속적 저출산율의 반등으로 이어질지 아직 모른다. 다만 2007년 이전 1.2명 정도 수준까지 내려갔던 출산율이 이제는 1.5명 수준은 유지하는 모양새이다. 2010년 당시 만났던 독일 가족여성부 관계자는 2007년의 가족정책 전환의 효과를 보려면 향후 30년은 관찰해 보아야 하지 않겠냐고 말하였다. 선진국의 각종 사례를 갖고 와서 흉내만 내고 있는 한국 정부와 경제계가 앞으로 몇 년 안에 무슨 성과를 보겠다고 애쓰는 모습이 안쓰러울 따름이다.

4. 몇 가지 쟁점

4. 몇 가지 쟁점

여성 사회참여 확대 양상, 다양하게 등장하는 삶의 형태, 저출산 현상 등을 보면 여성은 사회변화를 선도하기도 하고 변화에 적응하기도 하면서 빠르게 미래를 향해 나아가고 있다. 그러나 사회는, 정책은 여성의 이러한 변화에 제대로 대응하지 못하는 상황이다. 여기에서 몇 가지 쟁점이 생긴다.

가. 변하는 여성

1988년 남녀고용평등법을 처음 제정했을 때 A4 용지 기준 4쪽짜리 법률에서 '근로여성'이 24번 등장한다. 그런데 '남녀'고용평등법임에도 불구하고 '근로남성, 남성근로자'라는 표현은 전혀 나오지 않는다. 게다가 육아휴직은 '생후 1년 미만의 영아를 가진 근로여성이 그 영아의 양육을 위하여 휴직을 신청하는 경우에 허용'하는 것이었다.[36] 남녀평등이 아니라 '여성만 보호'가 법의 목표였고 양육은 법적으로도 여성만의 과제였다. 1995년 '...근로여성 또는 그를 대신한 배우자인 근로자'라는 조항 개정을 함으로써 비로소 법적으로 양육은 남성의 과제도 되었다.

남성도 아이를 키울 수 있다는 조항을 법에 명시했을 때 태어난 세대가 아직 20대 초반이다. 대다수 성인세대는 법적으로도 남성은 돌봄노동에서 배제되던 상황에서 '머리가 굳는 과정'을 거쳤다. 더군다나 법은 최소한의 규범일 뿐이다. 윤리, 가치,

---

36) 1988년 당시 남녀고용평등법 11조(육아휴직).

이데올로기, 태도는 훨씬 나중에 변한다. '살림하는 여자' 모습이 사고를 지배하는 대다수 중장년층과 '남자도 아이를 키울 수 있는 존재'임을 조금은 더 받아들이면서 자라난 세대 간 가치의 충돌 가능성을 충분히 볼 수 있는 대목이다.

차이는 세대 간 뿐 아니라 세대 내에서도 볼 수 있다. 같은 연령층이라 하더라도 여성의 가치관 변화가 남성의 그것보다 더 폭이 크다. 이제 더 이상 젊은 세대 여성은 여성취업활동을 예외적인 상황으로 생각하지 않는다. 학교 졸업 후 당연히 취업활동을 해야 한다고 생각한다. 그런데 취업활동의 가장 큰 장애요인을 '육아 부담'으로 본다. 가족관계에서도 남성보다 더 스트레스를 많이 받는다. 관계 유지 자체가 가족 내 여성의 과제이기 때문이다. 그러면서도 아이를 낳아 키우고 싶은 욕구 수준은 여전히 높다(통계청,2014). 일·가정을 양립하고 싶은 여성의 욕구는 여전한데 그 과정에서 오는 이중부담을 또한 높은 수준에서 인지하고 있는 여성의 모습이다.

실제 남성 육아휴직이 1995년부터 법적으로 가능해지긴 했지만 통계를 잡기 시작한 2000년 대 이후 변화를 보면 육아휴직은 전형적 여성 영역으로 남아있다. 출산휴가 대비 여성 육아휴직자 비율을 보면 2013년 현재 기업규모 별 평균 74.4%에 이른다. 같은 경우 남성 육아휴직자 비율은 3.8%이다(대한민국정부,2016:21). 최근 남성 육아휴직자 증가율이 2013년에서 2014년 사이 49%에 달하는 현상이 보이긴 한다. 그러나 2,293명에서 3,421명으로 남성 육아휴직자가 증가한 것뿐이다. 같은 기간 여성 육아휴직자 수는 6만7천여 명에서 7만3천여 명으로 증가하였다(그림 4-1).

〈그림 4-1〉 연도별 육아휴직자 현황(2004~2014년)

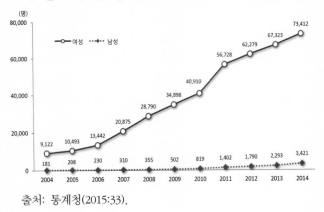

출처: 통계청(2015:33).

워낙 남성 육아휴직자가 드문 상황이라서 앞으로 남성 육아휴직자 수는 지속적으로, 그리고 전년도에 비하면 비율 자체는 큰 폭으로 증가할 것이다. 그러나 가족정책적 전환기를 이루면서 약 10년 사이 남성 육아휴직자 비율이 3% 대에서 30%대로 급상승한 독일 사례(정재훈·박은정,2012)를 볼 때 정부가 설정한 남성 육아휴직자 비율 목표 2020년까지 15%, 2025년까지 20%, 2030년까지 25%(대한민국정부,2016:48)를 달성할 수 있을지 의문시된다. 일단 이러한 목표를 내세운 근거도 없을뿐더러 남성 육아휴직을 획기적으로 높이기 위한 유인책이 보이지 않기 때문이다. 1~2년에 걸쳐 급여의 80~90% 수준에서 육아휴직 수당을 받을 수 있는 노르딕 국가에 비하면 1년에 걸쳐 급여의 67%를 받을 수 있는 독일도 그리 높지 않은 수준의 남성 육아휴직 유인책을 갖고 있기 때문이다. 상한액 100만~150만원과 급여의 40% 수준 육아휴직 급여로써 남성을 집으로 끌어들일 수 있을지 지켜볼 뿐이다.

결국 일·가정양립 이중부담이 여성 몫이 되는 상황에서 여성이 하는 선택 중 하나가 비혼이다. 이중부담을 하느니 하나만 부담하는 선택을 하는 것이다. 아직 한국 통계청은 비혼(非婚)이 아니라 미혼(未婚) 개념을 사용한다. 그래서 '미혼여성이 미혼남성보다 결혼을 원하는 비율이 낮아(통계청,2016:10)'라는 설명을 한다. 결혼을 해야 한다고 생각하는 미혼여성 비율이 해마다 감소하고 있으며 이 감소 비율은 미혼남성의 그것보다 더 폭이 크다는 지적이다.

＊ 결혼을 「해야 한다」고 생각하는 비율(%)
　미혼여성 : 46.5('08) ＜ 46.8('10) ＞ 43.3('12) ＞ 38.7('14)
　미혼남성 : 64.8('08) ＞ 62.6('10) ＞ 60.4('12) ＞ 51.8('14)
☞ 통계청(2016). 통계로 보는 여성의 삶. 10쪽.

응답 결과가 그러하다 보니 실제 이 '미혼여성' 중 상당수는 '비혼여성'일 것이다. '아직 결혼을 안 한 여성'이 아니라 '결혼을 선택하지 않는 여성'이라는 의미이다. 한국사회 기존 가치를 받아들이지 않을 때 누구에게 더 좋을까? 기존 가치로 보면 남성

은 성인이 되어서 돈벌이만 하면 되고, 여성은 집안일만 하면 된다. 그런데 여기에서 변화가 일어난다. 여성이 밖에 나가서 일하기 시작한 것이다. 사실 이미 일어난 변화이다. 그런데 남성이 집안일을 함께 하지 않는다. 혹은 함께 할 수 있는 여건이 아니다. 그래서 취업노동과 가사돌봄노동 이중부담은 여성의 문제가 된다.

그렇다면 선택은? 이중부담을 안고 살든지 아니면 부담 중 하나를 덜어내면 된다. 그런데 학교 졸업 후 '집안일'로 향하는 여성은 이제 사실상 없다. 그러면 취업활동이다. 그래서 이미 스스로 돈 버는 생활의 맛은 봤다. 그런데 직장 다니면서 아이 때문에 또 뛰어다니는 주변의 이모, 언니, 선배를 본다. 여성의 하루 생활시간 유형에서 20대에는 일·학업 등이 차지하는 비중이 가장 높다. 같은 연령대 남성과 별 차이가 없다. 그런데 30대가 되면 가사노동 비중이 기형적으로 증가한다(그림 4-2). 여기에는 한창 아이를 낳아서 키우는 시기임을 고려하면 가사노동 안에는 돌봄노동 비중이 높음을 알 수 있다. 30대에 가사돌봄시간 비중이 기형적으로 높은 것과 취업생애주기를 나타내는 M자형 곡선의 최초 하강 곡선이 30대에 있는 것이 우연의 일치가 아니다.

〈그림 4-2〉 여성의 연령대별 하루 생활시간

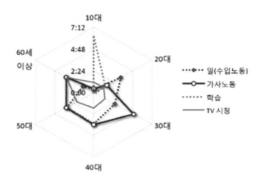

출처: 통계청(2015:4).

이런 모습을 지켜보는 젊은 여성의 선택은 그렇다면 비혼이다
(이성은 외,2012). 나 혼자 먹고 살 정도만 벌어도 된다. 명절
때 주변 사람들의 "시집 안가냐?"는 잔소리만 넘기고 잘 하면 골
드미스, 알파걸로 살 수 있다. 가족부양 의무는 가지지 않아도
되기 때문이다.

결혼을 한다 하더라도 일·가정양립 이중부담의 무게를 최소화
할 수 있는 선택이 합리적일 것이다. 전통적 가치와 규범이 더
이상 받아들여지지 않고 개인주의적 합리적 가치관이 자리 잡은
상황에서 여성이라고 예외적인 선택을 하지는 않을 것이다. 무
자녀 혹은 한 자녀 가족이 증가한다. 출산과 결혼을 반드시 연
결해야 하는 사회적 분위기 속에서 비혼여성 증가, 무자녀·한자
녀 부부 증가의 결과가 지속적 초저출산 현상이다.

나. 저출산

지속적 저출산 현상은 언급이 필요 없을 만큼 널리 알려져 있다. 두 사람이 만나서 최소한 두 자녀는 낳아야 이론적으로 인구규모의 현상 유지가 가능하다. 출산 직후나 성장 과정에서 자녀가 사망하는 경우를 고려하여 출산율 2.1명을 대체출산율 혹은 적정출산율이라고 한다(문현상 외,1995). 그러나 한국사회 출산율은 1980년대 중반 대체출산율 2.1명 이하로 내려간 이후 2005년 1.08명까지 내려갔다가 현재에는 1.2명 수준을 유지하고 있다.

출산율은 공식 용어로는 '합계 출산율(TFR: Total Fertility Rate)'을 의미하는데 "여성 1명이 평생 동안 낳을 것으로 예상되는 평균 출생아 수를 나타낸 지표로서 연령별 출산율(ASFR)의 총합이며, 출산력 수준을 나타내는 대표적 지표이다."[37] 연령별 출산율은 15~49세 가임여성 연령대 별 출산율이다.

그렇다면 지속적 저출산의 원인은 무엇이고 저출산이 수십 년 지속되는 동안 국가는 어떤 대응을 하였는가?

1) 저출산 원인

저출산 원인은 매우 다양하다. 한국사회처럼 '결혼을 해야만 출산을 할 수 있는' 규범이 지배적인 경우에는 결혼을 못하거나

---

37) 국가지표체계
   (http://www.index.go.kr/potal/main/EachDtlPageDetail.do?idx_cd=1428).

늦게 하는 것도 저출산 원인이 된다. 아이를 낳고 싶지만 의학적으로 어렵고 난임문제를 해결하기 위한 의료비용 감당을 할 수 없는 경우도 있다. 아이를 많이 낳고 싶지만 돌봄비용이 부담되기 때문에 못 낳거나 적게 낳기도 한다. 출산돌봄 시기가 대체로 젊은 부부들이 취업활동을 한창 하는 시기이기 때문에 취업활동 부담으로 인하여 출산을 기피할 수도 있다.

사실 사회현상으로서 저출산은 1960년 5월 인류 최초의 먹는 피임약인 '에노비드'가 탄생한 순간 곧 그 다음 단계로 찾아올 현상이었다. '20세기 최고의 발명품'으로서 먹는 피임약은 여성이 임신·출산 과정에서 자신의 몸에 대한 통제권을 갖도록 해주었다. 이는 여성 사회 진출의 결정적 토대가 되었다. 1960년대 후반 서구사회에 거대한 여성운동의 물결이 몰아닥친 것은 결코 우연이 아니었다.

서구사회는 1970년대 이후 대체로 합계출산율이 대체출산율 2.0 수준으로 내려가는 현상을 공통적으로 경험하였다. 따라서 합계출산율이 2.0 내외 수준을 보이면 대체로 출산정책이 성공한 국가로 볼 수 있다. 그리고 이렇게 상대적으로 고출산 수준을 보이는 국가를 살펴보면 유형에 따른 공통점을 발견할 수 있다. 이러한 공통점을 통해 역으로 한국사회 저출산 요인을 재정리해 볼 수 있을 것이다.

서유럽과 북미 대륙국가를 에스핑-안데르센의 복지자본주의 유형에 기초하면 영미식 자유주의 복지레짐, 중부유럽 대륙식 보수주의 복지레짐, 스칸디나비아형 사회민주주의 복지레짐으로 분류할 수 있다(Esping-Andersen, 1999). 이들 국가 중 자유주의·사민주의 복지레짐의 출산율이 상대적으로 높은 편이다. 보수주의 복지레짐에서는 프랑스가 대표적으로 높은 출산율을 보인다. 모두 1.8~2.0 수준을 오가는 정도다. 보수주의 복지레짐에 속하는 독일은 1.4 정도의 낮은 출산율 문제를 갖고 있다.[38]

스웨덴, 노르웨이, 덴마크, 핀란드 등 노르딕 사민주의형 국가는 모두 성평등 수준이 매우 높은 사회구조를 갖고 있다. 남녀 성별역할 분리 규범이 사라진지 오래이며 남성 일·가정양립은 이미 정상적 사회규범이 되었다. 남녀 뿐 아니라 동성 간 혼인도 용인된다. 양성평등이 아니라 성평등 수준을 언급하는 근거이다. 따라서 다양한 가족 형태에 대한 사회적 수용도 높다. 공공이 주도하는 사회적 돌봄시설 구축이 보편화되어 있다. 대학교를 졸업할 때까지 교육비 부담도 없다. 소득·주거·의료보장 등 보편적 사회보장제도가 확립되어 있다. 그런데 외부로부터의 인구유입, 즉 이민에 대해서는 그리 개방적이지 않다.

프랑스 역시 성평등 수준이 높다. 동성혼을 비롯한 다양한 가족형태에 대한 사회적 수용도가 당연히 높다. 공공 주도 사회적 돌봄시설이 잘 구축되어 있으며 역시 교육지원을 포함한 보편적 사회보장제도가 확립되어 있다. 과거 수많은 식민지를 거느린 역사적 배경 때문에 이민자에 대한 수용도 높은 편이다. 그러나 노르딕 국가와 비교할 때 자녀돌봄에서 여성의 역할을 더 강조하는 경향은 남아 있다. 남녀 일·가정양립보다는 여성 일·가정

---

38) OECD Fertility Rate(https://data.oecd.org/pop/fertility-rates.htm).

양립을 각종 사회보장제도와 공공보육시설로써 가능케 한다는 의미이다.

반면 같은 유형의 복지레짐으로 분류하는 독일은 남녀 일·가정양립이 최근 몇 년 사이에 사회 규범으로서 확대되는 경향을 보인다. 일·가정양립이 전체적으로 볼 때 여전히 여성의 과제라는 의미이다. 동성혼은 아직 아니지만 동성 배우자 관계를 법적으로 인정하는 등 2000년대 들어서 성평등과 다양한 가족형태에 대한 수용도가 높아지고 있다. 공공민간 비영리 주도 사회적 돌봄 인프라 구축은 최근에 들어서야 본격화하였다. 보편적 사회보장제도 수준은 프랑스에 뒤지지 않는다. 이주민에 대한 수용도는 최근 급격한 난민 유입으로 인하여 과거에 비해 그리 높지 않은 양상을 보인다. 최근 있었던 주 의회 선거에서 외국인에 대해 배타적 공약을 내건 '독일을 위한 선택(Alternative für Deutschland)'이 약진한 것이 그 근거이다.

영국과 미국 등 자유주의 복지레짐 역시 성평등 수준과 가족형태 다양성 수용도에서 높은 수준을 보인다. 그러나 노르딕 국가 수준의 남성 일·가정양립만큼 규범화되었다고 보기는 어렵다. 상대적으로 사민주의·보수주의 복지레짐 국가보다 보편적 사회보장제도와 공공 돌봄 인프라 수준이 낮은 편이다. 그런데 미국의 흑인·히스패닉의 높은 출산율에서 볼 수 있듯이 외부로부터의 인구 유입에 대한 수용도가 매우 높고 이것이 상대적으로 높은 출산율 유지의 중요한 원인이 되고 있다.

결국 대체출산율 수준에 근접하려면 각 국가가 보여주는 다음 공통점에 주목할 필요가 있다. 먼저 자녀양육 토대로서 보편적 사회보장제도이다. 청년기에 비용부담이나 미래에 대한 불안 없이 결혼을 할 수 있고 아이가 태어나더라도 성장 과정에서 필요한 의료비, 주거비, 교육비 등 부담이 최소화될 수 있는 사회보장제도이다. 둘째, 여성에서 시작하여 남녀로 주체가 넘어온 일·가정양립이다. 배우자와 함께 양육하거나 사회적 돌봄시설이 잘 되어 있기 때문에 여성이 '육아독박'에서 벗어나는 정도가 높을수록 아이도 더 낳게 된다.

아직 사회보장제도 보장성 수준도 낮고 양성평등도 제대로 규범화되지 않은 한국사회 상황을 고려한다면 현재의 저출산 현상에서 벗어나기 위해 우선 양성평등의 사회규범화를 보편적 사회보장제도 확대와 함께 추구할 수 있는 비전이 필요한 시점이라고 볼 수 있다.

2) 저출산 대책

30여 년간 지속되는 저출산 현상에 대응하여 지금까지 한국사회는 어떻게 대응해 왔는가? 출산율 통계를 잡기 시작한 1970년부터 출산율 변화와 관련 정책을 연결하면서 알아보도록 하자.

먼저 1970년대는 가족계획이라는 용어가 표현하듯이 국가가 앞장서서 출산억제를 시도하던 시기였다. 1970년 출산율은 4.53명으로 집집마다 4~5명씩 낳은 시절이다. 1960년대부터 추진한 경제개발계획에서 높은 출산율은 경제성장 전략의 중요한 장애요인으로 인식되었고 따라서 다양한 대책이 나왔는데, 보건소에서 낙태 시술을 하기까지 하였다. 1966년에 이른바 3·3·35 운동이 나왔다. "세살 터울로(3) 셋만 낳고(3) 35세부터 더 이상 낳지 말자."는 내용이었다. 당시 가족계획 포스터를 보면 다양한 이야기가 나온다. "덮어놓고 낳다 보면 거지꼴을 못 면한다." "많이 낳아 고생 말고 적게 낳아 잘 키우자." "신혼부부 첫약속은 웃으면서 가족계획."

1970년대에는 아예 적정 출산 자녀 수를 정해주는 방향으로 표어가 구체화되었다. "딸·아들 구별 말고 둘만 낳아 잘 기르자." "내 힘으로 피임하여 자랑스런 부모 되자."는 내용의 포스터를 거리 곳곳에서 볼 수 있었다. 1980년대에는 이미 출산율이 2.0명 이하로 내려가던 시기이다. 이때에도 1997년까지는 인구억제정책을 지속해야 한다는 전망에서 "잘 키운 딸 하나, 열 아들 안부럽다."는 유명한 구호가 등장했다. 2000년대에 들어서 정책 전환을 하면서 "아빠! 혼자는 싫어요. 엄마! 저도 동생을 갖고 싶어요.", "허전한 한자녀, 흐뭇한 두자녀, 든든한 세자녀."라는 포스터가 등장했지만[39] 구호로써 의식 변화를 하기에는 어려운 세상이 되었다.

이 과정에서 주목할 만 한 점은 국가가 앞장서서 여성의 몸을 정책 대상화한 것이다. 소득 향상, 의료서비스의 질적·양적 수준 확대, 성차별적 가족(부부) 관계 철폐, 양성평등 의식 정착이라는 장기적 안목에서의 가족정책 수립보다는 당장 낙태라는,

---

39) 이상 포스터 관련 내용은 '인구보건신문(2015.5.20), 포스터로 알아보는 가족계획의 역사(http://www.ipopnews.com/news/articleView.html?idxno =2953).'를 토대로 재구성.

여성의 몸에 칼을 들이대는 방식으로 가족계획사업을 추진한 것이다. 대표적 예가 'MR사업'[40]이라고 하여 1974년에서 1996년까지 정부에서 인공임신중절 수술, 즉 낙태 수술 비용 부담을 한 사업이다. 주로 낙태를 원하는 여성을 보건소에서 시술해 주는 형태로 이루어졌다(한국보건사회연구원,2004:247).

다른 예는 사회적으로 낙태에 대해 관용적인 분위기를 조장하는 것이다. 1953년 형법에서 낙태를 불법화하였지만, 국가의 관용적 태도로 인하여 낙태를 처벌하는 형법 269·270조는 죽은 조항이라 다름없었다. 반면 1973년 제정한 모자보건법 시행령 15조에서는 인공임신중절 수술, 즉 낙태를 할 수 있는 기간을 임신 후 28주까지 정하여 사실상 아무 때나 낙태 시술이 가능하다는 메시지를 전달하기도 하였다.[41] 1970년대에도 선진국에서 낙태는, 만약 할 수 있더라도, 임신 후 12주를 넘기지 않는 것이 대체적 흐름이었다.

출산율이 급격히 감소하기 시작하는 1980년대에도 인구증가 억제방안(1981)을 내놓는 등 출산억제 가족계획정책 기조를 유지하였다. 2000년대에 들어서 출산율 급감 기조가 멈추지 않자 비로소 정책 전환이 이루어졌다. 사상 최저 출산율 1.08을 기록했던 2005년에는 저출산고령화사회 기본법 제정이 있었고 2006년에는 유산사산휴가제도와 산모신생아 도우미 사업을 시작하여

---

40) MR(Menstruation Regulation)사업을 월경조절술 사업이라 부르기도 하였다.
41) 1973년 모자보건법 시행령 제15조 (인공임신중절수술의 허용한계) ① 법 제14조의 규정에 의한 인공임신중절수술은 임신한 날로부터 28주일 이내에 있는 자에 한하여 할 수 있다.

출산친화적 정책 기조를 분명히 하였다. 일·가정양립과 남성 육아참여 지원을 위하여 가족친화 사회환경조성 촉진법을 제정한 2007년 출산율은 1.25이었다. 2008년 가족친화기업 인증사업을 시작하였고 배우자출산휴가, 즉 남성만 사용할 수 있는 출산휴가제를 시작하였는데 그 해 출산율은 전년도 대비 0.06이 하락한 1.19였다. 어린이집에 아이를 보내지 않는 가정을 대상으로 양육비를 지원하는 양육수당을 2009년 지급하기 시작하였고 남성 육아휴직을 더 적극적으로 유도하기 위하여 2011년에는 육아휴직 급여를 종전의 정액제에서[42] 임금의 40%, 월 상한 100만원으로 변경하였다. 2011년에는 소득하위 70%까지 무상보육을 확대하였고 2013년에는 전국민 무상보육을 실시하였다. 이 사이에 출산율은 1.24에서 1.19로 오히려 하락하였다. 2014년에는 일명 '아빠의 달'을 도입하여 남성 배우자가 사용하는 육아휴직 선택의 폭을 넓혔다(그림 4-3). 2016년에는 '아빠의 달' 육아휴직 급여 수준이 3개월 동안 본인 임금의 100%, 월 상한액 150만원으로 높아졌다.

---

42) 제도 전환 당시 최고 월 50만원이었다.

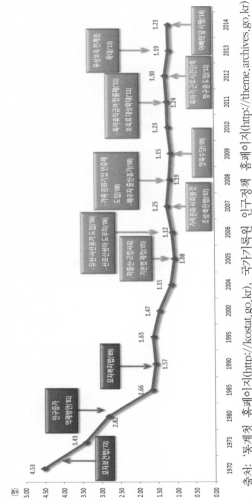

〈그림 4-3〉 저출산 대책 및 출산율 추이(1970~2014년)

출처: '통계청 홈페이지(http://kostat.go.kr), 국가기록원 인구정책 홈페이지(http://theme.archives.go.kr), 대한민국정부(2016:19)'를 토대로 재구성.

많은 대책이 나오고 있지만 지속적 초저출산 현상은 변함이 없다. 1차 저출산고령사회 기본계획을 수립·시행한 이후 다양한 관점 때문에 50조, 80조, 100조 등 다른 이야기가 나오지만 그 정도 규모 재정을 투입했음에도 계획 시행 초기 출산율 1.2 수준이 지금도 그대로 유지되는 상황에 대한 논쟁은 진행형이다. 사실 정책 효과가 몇 년 만에 금방 나올 것을 기대하는 것은 성급한 태도이다. 그런데 지금 문제는 정책 효과가 나올지 그 전망 자체가 보이지 않는다는 점이다. 그럼에도 불구하고 저출산 관련 재정 투입 규모 확대 추세는 지속될 것이다.

심각하게 지속적인 저출산 현상에 대응하여 "이제부터 아이는 국가가 키워 줄 테니 안심하고 낳으세요."라는 말이 생겨날 정도로 2000년대 들어 보육지원이 확대되었다. 국가보육발전계획을 2002년에 만들었고 1997년부터 2000년 4년 회기를 모두 합쳐서 3천억 원 수준이었던 보육관련 예산이 2004년 한 해에만 거의 9천억 원에 달했다(정재훈,2005:140). 무상보육의 전면적 실시로 인하여 2013년 보육 예산만 4조1천억 원 규모가 되었다. 1990년 136억 원에서 304배 정도 예산 증액이 이루어진 것이다(그림 4-4). 다른 분야와 비교할 수 없을 정도로 급속한 변화이다.

〈그림 4-4〉 보육예산 변화 추이(1990~2013년)

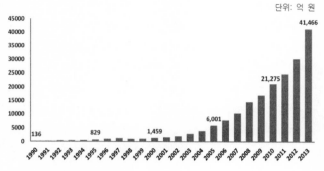

단위: 억 원

출처: 김은설 외(2015:24).

2015년에 저출산 관련 투입 예산이 19조 원 규모였고 2016년
에는 20조 원을 넘어섰다. 연 평균 6% 정도 증가 추세를 유지
하여 2020년까지 저출산 관련 투입 예산 총액이 100조 원 규모
가 될 것이다. 고령화사회 대책 예산 90조 원까지 포함하면 모
두 200조 원에 가까운 돈이다(대한민국정부,2016:192). 재원 조
달 방안을 두고 앞으로 갑론을박이 벌어질 것이다. 정책 효과를
두고도 물론 다양한 논쟁이 있을 것이다.

중요한 점은 출산 주체로서 여성에게 '아이 낳기 좋은 세상'이
라는 인식 변화가 있어야 비로소 저출산 문제 해결의 실마리가
풀리기 시작한다는 점이다. 그런데 그러한 변화의 조짐이 한국
사회에서 보이는가? 게다가 여성 뿐 아니라 남성 배우자의 출산
관련 가치와 태도도 앞으로 출산율에 영향을 미치는 요인으로

부각될 것이다. 일주일 내내 장시간 노동에 시달리고 주말에는 가족과 함께 '즐거운 시간을 보내는 피곤한 나날'이 지속된다면 청년남성이 갖는 아이낳기 관련 가치와 태도는 이제 기성 중장년층 남성이 가진 "결혼하면 아이는 저절로 낳고 또 여자가 키운다."는 생각과는 한창 멀어질 것이다.

따라서 현재 "육아하는 아빠가 멋있다." 는 구호처럼 남성 육아 참여 지원 정책 아이디어가 쏟아져 나오고 있다. '일家양득'처럼 일·가정양립 문화 정착을 위한 구호도 있고, '가족형태는 달라도 아이사랑' 같이 다양한 가족형태를 받아들이자는 구호도 있다.(대한민국정부,2016:184).

엄마가 필사적으로 일·가정양립을 위해 노력하는 사이, 육아휴직을 원하는 아빠 수도 늘어간다. 일·가정양립을 원하는 아빠도 기성세대에 비해 청년세대에서 많이 볼 수 있다. 그런데 할 수가 없다. 여전히 "경제적으로 가족을 부양해야 완벽한 인간이 된다."는 남성적 가치가 한국사회를 지배하고 있다. 이것이 변하려면 가족과 함께 할 수 있는 시간의 확보라는 생애사적 경험의 전환이 먼저 일어나야 한다. 하지만 그 하부구조가 되어 있지 않다. 다시 말해서, 소위 '펀더멘털(fundamental)'이라는 개념이 가족부양이라는 경제적 측면에만 적용되지는 않을 것이다. 남성 일·가정양립의 펀더멘털이 제대로 구축되어야 앞서 언급한 구호도 먹히는 것이다.

제3차 저출산고령사회 기본계획은 그런 의미에서 펀더멘털이 없는 계획이다. 선진 복지국가에서 시행되는 온갖 정책 목록을 모아놓은 모양새는 갖췄다. 그런데 '기본계획' 발표 이후에도 출산주체인 청년세대 반응은 그리 뜨겁지 않은 듯하다. 정책적 지원을 아직 실감나게 받지 못해서일까? 아니다. 이는 사업 목록은 많은데 펀더멘털이 없어서이다. 무엇이 펀더멘털인가? 바로 성평등적 복지국가다. 구체적으로 성평등적 사회보장제도이다. 현재 한국식으로 말하면 양성평등적 사회보장제도를 기반(펀더멘털)으로 한 저출산고령사회 대책이 되어야 한다. 그러나 온갖 목록으로 제시한 사업은 그러한 기반 없이 공중에 떠 있는 모양새이다.

예를 들어 보자. 남녀 일·가정양립을 제대로 하려면 지금까지 돈만 벌면 되는 것으로 사회화된 남성이 일단 육아에 참여하는 생애사적 경험의 전환을 해야 한다. 그래서 정부는 육아휴직 남성 참여가 법적으로 이미 20년 전부터 가능해졌음을 알렸고 선언적 의미에서 더 나아가 현실적 지원을 해야 한다는 의미에서 '아빠의 달' 사업을 도입하였으며 그 규모를 확대했다. 2016년 기준으로 3개월 간 본인이 받았던 임금의 100%, 그러나 월 150만원 한도에서 아빠의 달 급여(특례 육아휴직급여)를 받을 수 있다. 물론 150만원이 적은 돈이 아닐 수 있다.

그런데 아빠가 3개월 간 150만원을 받는 육아휴직 급여를 갖고 가족이 살아가려면 전제 조건이 있다. 엄마가 맞벌이를 해야 한다. 임신·출산 전후 출산휴가육아휴직을 엄마가 먼저 사용하는 과정에서 '무사히 살아남아야' 한다. 그러나 한국사회 직장문화에서 이것이 어렵다. 상당수 여성에게 출산휴가육아휴직은 곧 퇴직으로 연결된다. 엄마의 맞벌이가 없으면 아빠의 육아휴직급여인 150만원만으로는 생계유지가 되지 않는다. 아이 돌봄 비용이 나오지도 않는다. 기저귀, 분유에서 시작해서 병원 비용까지 엄두가 안 난다. 이것도 아빠가 최대 액수를 받을 경우다. 미리 상당한 액수를 저축했거나 자산이 있지 않는다면 대다수 남성에게 아빠의 달은 결국 다른 나라 이야기일 뿐이다.

사실 다른 나라에서도 남성 육아휴직 급여수준이 높은 것은 아니다. 독일의 경우 기존 임금의 67%, 월 상한액 1,800유로인데 우리 돈으로 환산하면 250만 원 정도이다. 1인당 국민소득이 4만 달러를 조금 넘는 수준임을 감안하면 한국 '아빠의 달' 150만원과 그리 큰 차이가 아닐 수 있다. 그런데 여기에 다른 펀더멘털이 있다.

이미 지난 100여년에 걸쳐 발달한 사회보장제도이다. 사회보험, 사회적 지원, 사회적 보상, 사회서비스, 기초보장 분야별로 높은 보장성 수준을 내용으로 하는 사회보장제도이다(정재훈,2016). 그렇다고 국가가 모든 것을 다 해주는 정도는 분명 아니다. 하지만 대학교를 다녀도 등록금이 없다. 생활비를 융자 받은 경우에도 취업을 해야만 갚기 시작하고 그것도 일정 정도 연령까지 갚지 못하면 탕감된다. 청년세대가 함께 살기 위하여 집을 구하는 과정에서 한국사회 청년처럼 좌절하게 내버려 두지 않는다. 아이가 병원에 일 년 내내 입원하는 상황이 생기더라도 사실상 본인 부담 병원비가 없다. 학교 졸업, 구직, 배우자 만남, 임신·출산 과정에서 '빚을 내지 않아도 되는 인생'을 가능케 하는 펀더멘털이 있다.

이런 펀더멘털 위에, 앞서 설명한, 부모시간(Elternzeit)을 통해 남성도 육아에 참여하는 생애사적 경험의 전환 기회를 갖게 한 것이다. 이러한 경험을 먼저 하기 시작한 노르딕 국가 남성은 이제 일·가정양립을 당연하게 여긴다. 독일은 아직 그 정도 수준은 아닐 것이다. 그러나 부모시간 도입 10년이 채 안된 시점에서 아빠가 된 남성의 40% 가까이가 비록 2개월 정도라도 아이를 직접 돌보는 경험을 하고 있다.

제3차 저출산고령사회 기본계획의 근본문제가 바로 여기에 있다. 앞으로 시간이 걸리더라도 어떤 펀더멘털, 어떤 기초 위에서 기본계획을 추진할 것인가 라고 하는 전망을 찾아보기 어렵다는 점이다. 더 나아가 가장 중요한 재원 마련 계획을 보면 매년 예산 편성 시 우선 반영하는데, 기존 지출 구조 조정과 과세 기반 확충을 통해서 재원을 마련한다고 되어 있다. 세출 구조조정과 기존 사업 지출 효율화를 추진하겠다는 것이다. 그리고 중장기적으로 안정적 재원 확보를 위한 사회적 합의를 추진한다고 되어 있다(대한민국정부,2016:193). 그러나 어떤 기초 위에, 어떤 수준의 복지국가 혹은 아예 다른 형태로 지향하는 국가 체제 그 무엇을 전제로 한 대책인가를 모른 채 어떤 사회적 합의를 볼 수 있을까? 지금으로서는 펀더멘털도, 지향점도 두루뭉술 그 자체이다. 다음 정권에서도 재탕하면서 해당 정권의 입맛에 맞는 몇 가지 사업을 첨가한 모양새로 제4차 기본계획이 나오는 불행한 상황이 반복되지 않았으면 한다.

다. 성차별 관련 지수의 의미

다른 어느 나라 사람보다 한국사람은 등수를 좋아한다고 말하면 지나친 일반화일까? 그만큼 한국사람이 등수에 민감하다는 말이다. 그래서 요즘도 언론 보도 흐름도 그렇고 어떤 문제 제기를 할 때에 모두들 '경제개발협력기구(OECD) 회원국 중 꼴찌혹은 1위...' 등 표현을 많이 한다. 그만큼 관련 정보를 받아들이는 사람에게 등수로써 접근하면 효과가 있기 때문일 것이다. 그래서 성차별 관련 지수를 놓고서도 논쟁이 많다. 어떤 지수를 사용하느냐에 따라 차이가 매우 크기 때문이다.

1) 순위가 좋은 지수

남녀평등지수(GDI: Gender-related Development Index)는 국제연합개발계획(UNDP)에서 인간개발지수(HDI: Human Development Index)와 함께 산출하였다. 인간개발지수(HDI)는 1987년부터 각국의 교육 수준, 국민소득, 평균수명 등을 기준으로 인간개발 성취 수준을 나타내고 있다. 산업화와 민주화를 동시에 이룩한 국가답게 이 지수 기준 순위에서 한국은 비교적 높은 순위에 올라있다. 1987년 당시 조사 대상 130개 국 중 34위였지만 2000년대에 들어서 20위권으로 진입하였고 2010년에는 169개국 중 12위, 2011년에는 187개국 중 15위를 하였다(그림 4-5).

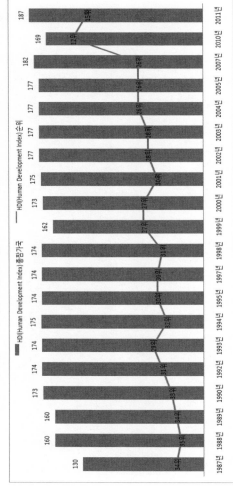

〈그림 4-5〉 한국 인간개발지수(HDI) 순위(1987~2011년)

출처: 'UNDP, 〈Human Development Report〉 1990-2011, 간낸도'를 토대로 재구성.

인간개발지수에서 관련하여 측정하는 남녀평등지수도 그리 나쁘지 않은 순위를 보이고 있다. 남녀평등지수는 남녀평등 정도를 지수화한 것으로 성별 기대 수명, 성인 문맹률, 초·중·고등학교 진학률, 예상 소득으로 구성되어 있다. 1992년 참가 174개국 중 37위였으나 역시 2000년대에 20위권으로 들어섰다. 2007년에 182개국 중 25위를 하였다.

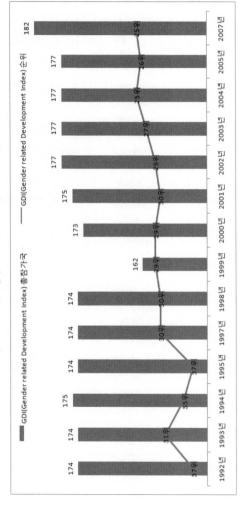

〈그림 4-6〉 남녀평등지수(GDI) 순위(1992~2007년)

출처: 'UNDP, 〈Human Development Report〉 1990-2010, 각년도'를 토대로 재구성.

국제연합개발계획(UNDP)은 2010년부터 남녀평등지수(GDI)를 사용하지 않고 모성 건강(maternity health), 여성 권한(empowerment), 노동 참여(labour participation) 3개 부문에서 모성사망률과 청소년 출산율, 여성의원 비율과 중등교육 이상 받은 인구, 경제활동 참가율을 지수로 하여 순위를 매기고 있다. 이를 성불평등지수 (GII: Gender Inequality Index)라고 한다. 이 순위 역시 한국은 나쁘지 않다. 한국은 2010년 169개국 중 20위, 2011년에는 187개 국 중 11위를 하였다. 2014년에는 23위에 올라와 있다(표 4-1).

〈표 4-1〉 성불평등지수 순위(GII)(2014년)

Country	젠더 불평등지수		10만 명 출생 당 모성 사망률	청소년 출산율 (청소년 1천 명당)	여성 의회 참여율	25세 이상 인구 중 여성 중등교육 수료자 비율		경제활동 참가율	
	2014	2014	2013	2010/2015	2014	2005-2014	2005-2014	2013	2013
Switzerland	0.028	2	6	1.9	28.5	95.0	96.6	61.8	74.9
Germany	0.041	3	7	3.8	36.9	96.3	97.0	53.6	66.4
United States	0.280	55	28	31.0	19.4	95.1	94.8	56.3	68.9
Singapore	0.088	13	6	6.0	25.3	74.1	81.0	58.8	77.2
Sweden	0.055	6	4	6.5	43.6	86.5	87.3	60.3	67.9
United Kingdom	0.177	39	8	25.8	23.5	99.8	99.9	55.7	68.7
Korea (Republic of)	0.125	23	27	2.2	16.3	77.0	89.1	50.1	72.1
Japan	0.133	26	6	5.4	11.6	87.0	85.8	48.8	70.4
France	0.088	13	12	5.7	25.7	78.0	83.2	50.7	61.6
Slovenia	0.016	1	7	0.6	27.7	95.8	98.0	52.3	63.2

출처: 'UNDP, 〈Human Development Report〉 2013-2014, 각년도'를 토대로 재구성.

남녀평등지수(GDI)가 20위권으로 좋아졌고, 이를 대체한 성불평지수 역시 10·20위권을 오가는 양상을 보인다. 반면 잘 나오지 않는 지수가 있다. 성권한척도와 성격차지수이다.

2) 순위가 나쁜 지수

국제연합개발계획(UNDP)에서 남녀평등지수와 함께 측정했던 성권한척도(GEM: Gender Empowerment Measure)가 있다. 남녀평등지수가 교육수준이나 수명, 건강상태 등 상태나 자격 조건을 기준으로 한 것이라면, 성권한척도는 남성과 비교할 때 여성이 실제로 어느 정도 권한을 갖고 그 사회에서 살아가는가를 보여주는 지표를 모은 지수이다. 그래서 성권한척도는 여성의원 수, 여성 관리자 및 경영자 수, 여성 전문직 및 기술직 수, 여성 1인당 GDP로 구성, 상위 공직자 중 여성 비율, 남성 대비 여성 수입 비율, 장관급지위에 있는 여성 비중 등의 지표로 구성되어 있다.

이렇게 나온 성권한척도가 한국에게는 매우 좋지 않은 상황이었다. 1994년 174개국 중 50위였고 2000년대에 들어서 오히려 60위권으로 떨어진 후 이 척도를 마지막으로 적용했던 2009년에는 182개국 중 61위를 하였다.

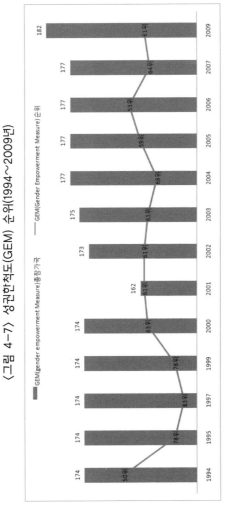

〈그림 4-7〉 성권한척도(GEM) 순위(1994~2009년)

출처: 'UNDP, 〈Human Development Report〉 1990-2009, 각년도를 토대로 재구성.

세계경제포럼(WEF: World Economy Forum)에서 매년 글로벌 성격차지수(The Global Gender Gap Report)를 발표하고 있다. 교육, 보건, 고용, 정치 등 4개 부문에서 남녀 불평등 상황을 상대적으로 비교한 지표를 모은 것이다. 분야 별로 완전 평등 상황을 1, 완전 불평등 상황을 0으로 하여 남녀 간 격차를 반영한 상대적 불평등 정도를 종합한 지수이다.

2006년에 한국은 115개 조사 대상국 중 92위를 하였고 그 이후에는 아예 100위권 밖으로 밀려나 있다. 2009년에는 115위(그림 4-8), 2014년에는 117위까지 떨어졌다.[43]

〈그림 4-8〉 성격차지수(GGI) 순위(2006~2011년)

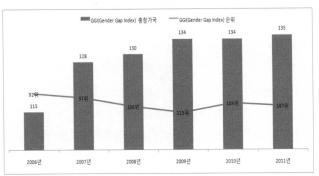

출처: 'WEF, 〈The Global Gender Gap Report〉 2006-2011, 각년도'를 토대로 재구성.

---

43) '극과 극' 한국여성 지위 글로벌 통계, 어떻게 봐야 할까, 주간경향 2016년 6월 14일 1180호, 28-31쪽.

3) 지수 비교 의미

각자의 정치적 입장, 이해관계, 가치관 등에 따라 어떤 이는 남녀평등지수(GDI), 성불평등지수(GII)를, 어떤 이는 성권한척도 (GEM)와 성격차지수(GGI)를 사용한다. 20위권과 110위권 순위를 두고 다투는 모양새다. 성차별 문제의 심각성을 부각시킬 때에는 후자를 사용하지만, 여성정책 성과를 부각시키려면 전자를 사용한다. 성차별 문제가 과연 감소하였는가, 더 심각해졌는가, 아니면 최소한 나쁜 채로 정체되어 있는 상황인가?

남녀평등지수와 성불평등지수는 경제성장과 함께 좋아지는 상황을 보여주는 지표로 구성되어 있다. 따라서 남성과 여성의 상황을 상대적으로 비교하는 것보다 상황 자체가 좋아지는 면에 초점을 맞추게 된다. 경제성장이 되고 소득수준이 높아질수록 여성 교육 수준은 올라가고 모성 사망률은 떨어지게 된다. 한국의 경우 대학 진학은 여성이 더 많이 하고 있다.

반면 성권한척도와 성격차지수는 남성에 비해 여성이 실제로 무언가를 할 수 있는 권한을 어느 정도 갖고 있으며 남성의 상황과 비교할 때 여성의 상황이 상대적으로 어떠한가에 초점을 맞춘다. 성격차지수를 구성하는 지표 중 문자 해독률이나 기대 건강수명에서는 남성과 여성 차이가 별로 없다. 그러나 실제 정치·경제 영역에서 여성 국회의원 비율이 17% 수준인 상황이나 고위 공무원과 기업 임원 중 여성 비중이 10%도 안 되는 현실이 권한척도와 격차 계산에 반영되는 것이다.

한 국가 내 남성과 여성의 상황을 상대적으로 비교하는 과정에서 발생하는 문제도 있다. 여성도 모두 대학교에 진학하는 한국 상황이 남성과 여성 모두 중학교도 제대로 못가는 개발도상국가 상황보다 불평등하게 나오는 것이다. 성권한척도와 성격차지수를 사용할 때에는 이러한 점을 고려해야 한다. 상황 자체가 열악한 것이 아니라 상대적으로 불평등한 상황을 제대로 부각시켜야 한다.

그렇다고 남녀평등지수와 성불평지수의 양호한 상황만 강조하면 될까? 아니다! "이렇게 상황이 양호한데, 전투적 여성운동가들이 공연한 트집을 잡고 있다."라는 또 다른 트집을 잡으면 안 된다. 오히려 경제성장에 따라 인적자본으로서 여성의 지위를 나타내는 남녀평등지수와 성불평지수가 좋아진 반면 실제 무엇인가를 할 수 있는 권한에 있어서 남녀 간 격차가 세계 100위권 밖이라는 복합적 상황에 주목해야 한다.

상상을 해보자. 누구에게도 자동차가 없을 때에는 수 십리 길을 걸어도 불평할 근거가 없었다. 그런데 여자 A와 남자 B가 모두 같은 성능의 자동차를 갖게 되었다. 하지만 남자는 마을 이장으로부터 남자라는 이유로 하루에 100km를 달릴 수 있는 휘발유를 받고 여자는 30km 달릴 수 있는 휘발유만 받는다. 매일 출퇴근, 운동, 사람 만나기를 자동차로 하는 남자와, 출퇴근 외에는 기름이 없어서 걸어 다녀야 하는 여자에게는 자동차가 없던 시절에는 몰랐던 상대적 박탈감이 생기게 된다.

교육 수준이 낮았고 여성은 집에서 살림만 하면 되는 줄 알았던 시대가 더 이상 아니다. 교육 수준, 건강 상태, 성취 능력

등 인적·사회적 자본으로서 여성은 남성과 동등한 자격을 갖게
되었다. 수십 년 전 여성은 동생의 출세를 위해 자신의 진학을
포기했음에도 불구하고 자신이 차별받는다는 의식을 그렇게 갖
지 않았을지 모른다. 그러나 지금 여성은 자그마한 차별, 과거에
는 보이지 않았던 차별, 과거에는 무시했던 차별에도 반응할 수
있을 정도로 변했다. 불평등한 상황에 처했을 때 갖는 (상대적)
박탈감, 분노, 두려움, 불안 정도를 중장년 세대 여성보다 청년
세대 여성이 더 많이 갖는 시대가 된 것이다. "옛날에는 그러고
도 살았는데…"라는 말이 오히려 여성의 높아진 인적자본 수준
에서는 받아들여지지 않게 된 시간을 우리는 살고 있다. 문제제
기하는 여성을 '페미나치'로 낙인찍는 언행은 자격을 갖춘 여성
에게 기회를 주지 않는 가부장적 구조가 여전히 한국사회에 존
재하기 때문에 나오는 것이다. 이런 관점에서 혐오 논쟁도 볼
필요가 있다.

라. 혐오 논쟁

한국사회에서 최근 관찰할 수 있는 독특한 현상이 있다. 마땅
히 말을 해야 하는 사람들이 극히 말조심 하는 모습이다. 특히
차별과 혐오적 발언에 대해 이른바 지상파 방송, 중앙 일간지,
대통령을 위시한 정치인, 전문가 등이 '대결 구도'가 보기 좋지
않다는 이유로 양비론식 물타기를 많이 한다. '차별을 차별로,
혐오를 혐오로' 부르지 않는다. 남성은 잠재적이든 드러나든 여
성에 대한 성폭력 가해자이다. 그러나 이렇게 되면 남녀 대결

구도로 몰고 가기 때문에 바람직하지 않다고 못마땅해 한다.[44] 그래서 종이신문과 공중파 방송은 조용한데 SNS는 뜨겁게 달아오르고 대중 안에서 갈등과 분열의 깊이만 더해간다.

1) 여성혐오

2016년 5월 17일 서울 지하철 2호선 강남역 근처 건물 화장실에서 일어난 '여성 살인사건'은 '차별을 차별로, 혐오를 혐오로' 부르지 않으려는 가부장적 사회구조가 작동하고 있음을 다시 한번 보여주는 계기가 되었다. 우선, 경찰은 사건을 '정신질환자가 저지른 묻지마 살인'으로 규정하였고 주류언론도 경찰 발표 결과 베끼기를 이어갔다.

범인의 정신질환을 인정한다 치자. 그런데 정신질환에도 사회적 맥락이 있는 것이다. 이 사회적 맥락이 여성 혐오 현상이다. 그래서 범인은 여성만 노리고 있었다. '묻지마' 살인이 아니라 '여성혐오' 살인인 이유이다. 사회현상으로 여성혐오 원인을 단정짓기는 어렵다. 여기에서는 여성혐오의 단면만을 제시할 것이다. 그러나 문제제기로 충분하다고 본다.

'사회밖청년' 증가 현상에서 볼 수 있듯이 남성으로서 가장 역할을 하기 어려운 상황에 처한 청년집단이 최근 몇 년 사이에 생겨났다. 학교 졸업 후 취업활동으로의 이행기에 적절한 직업

---

44) 강남역 사건 직후, 혐오라는 과격한 표현을 사용함으로써 조화롭게 살아야 할 남녀 사이를 대결구도로 만드는 현상을 못마땅해 하는 '사회 지도층 인사'의 이야기를 꽤 들을 수 있었다.

을 찾지 못하고 시행착오를 거듭하다가 사회적 관계망 자체에서 사라지는 청년이다.

가족을 만들고 부양할 정도는 벌어야 혹은 그런 전망이 있어야 비로소 한국사회가 요구하는 사람으로 완성이 되는데 그러지 못한 상황에 처하는 청년이 많아졌다. 어쨌든 가정을 꾸리기 위하여 가부장으로서 역할을 포기하고 '집안일 담당자'로만 출발할 수도 없는 상황이다. 게다가 결혼을 통해 가부장이 되는 걸 포기하는 순간 얻을 수 있는 삶의 대안도 없다. (바람직하든 아니든) 골드미스, 알파걸이라는 말은 있어도 골드미스터, 알파보이라는 말은 없다. 반면 상대적으로 여성은 엄마로서 역할을 포기하는 순간 여러 가지 삶의 대안을 가질 수 있다(이성은 외,2012).

가족부양 능력이 있는 가장이 되어야 비로소 완전한 성인이 되는 가치를 내면화해 온 청년 남성이 사회 밖으로 밀려나서 미래의 희망이 보이지 않을 때 좌절의 뿌리는 깊어진다. 이러한 좌절이, 마치 자신의 자리를 빼앗은 것으로 보이는 여성에 대한 혐오로 전환되는 것이다. 왜 여성에 대한 혐오, 여성혐오라고 규정할 수 있나?

혐오는 다음과 같은 속성을 갖는다. 첫째, 혐오의 주체와 객체는 개인이 아니라 집단이다. 혐오는 개인적 차원의 미움이 아니라 사회적 구성물이기 때문이다. 일상 용어로는 "나는 너를 혐오한다."고 사용할 수 있지만 사회적 현상으로 혐오는 개인과 개인 사이가 아니라 집단과 집단 사이에 존재한다. 개인적으로 만나면 아우슈비츠 경비장교와 유대인이 서로 포도주를 나눌 수도 있고 친구처럼 지낼 수도 있다. 그러나 독일인 집단으로서 경비장교는 집단으로서 그 유대인을 가스실로 처넣는 상황에 충분히 적응할 수 있다.

둘째, 혐오는 강자에게서 약자에게로 한 방향으로만 진행되는 현상이다. 수용소에 갇혀 있는 유대인은 독일군을 혐오할 수 없다. 할 수 있는 것이 아무것도 없기 때문이다. 독재정치를 혐오한다는 표현을 할 수 있지만, 이때에는 싫어하고 거부하는 정도 차원을 의미한다. 물론 테러, 데모 등 저항을 할 수는 있을 것이다. 그러나 결국 저항이다. 하지만 혐오는 저항이 아니다. 제압이다. 히틀러는 유대인을 혐오할 수 있었다. 유대인을 제압하고 없앨 수 있었기 때문이다. 이런 맥락에서 여성혐오는 여성이 공격의 대상이 되는 현상이다. 남성혐오는 지금은 존재하기 어려운 사회적 현상이다. 남성혐오는 정확히 말하면 남성에 대한 미움이나 거부 정도이다. 예외적 상황이 물론 있겠지만 일반적으로 여성이 폭력으로써 남성을 제압하는 상황은 존재하기 어렵다. 그러나 반대 사례는 얼마든지 있다. 남성이 여성에 대한 폭력의 (잠재적) 가해자인 구도에서 남성혐오는 존재하지 않는다. 여성을 폭력적 수단으로 제압하려는 여성혐오만이 존재할 뿐이다.

2) (잠재적) 가해자로서 남성

'잠재적 혹은 명시적 가해자로서 남성, 피해자로서 여성'이라는 구조를 현실에서 경험할 수 있는 상황을 통해 알아보도록 하자.

어두운 골목길을 걷고 있는 두 사람이 있다. 앞에는 젊고 몸

매가 좋은 여자가, 뒤에는 중년의 왜소한 남자가 걸어가고 있다. 이때 남자는 아무 생각 없이 자기 갈 길을 가고 있지만 한국사회에서 여성은 몰려오는 공포와 불안을 경험하는 경우가 일반적이다. 엘리베이터 안에 모르는 남자와 단 둘이 있는 상황에서 불안했던 경험을 많은 여성들이 이야기하지 않는가.

여자가 흠칫 뒤를 돌아보는 순간 남자와 시선이 맞았다. 불안을 느낀 여자가 어두운 골목길에서 걸음을 빠르게 하기 시작하였다. 아무 생각 없던 남자는 괜히 자존심이 상하는 것 같기도 하고 묘한 느낌이 들었다. "나를 뭘로 보고..." 게다가 호기심에 장난기가 발동도 한다. 걸음걸이가 빨라진 여자 뒤를 남자도 같은 속도로 걷기 시작하였다. 간격을 좁히진 않는다. 여자의 걸음이 더 빨라지자 남자도 그만큼 속도를 낸다. 어느 순간 여자가 뛰기 시작하자 남자도 간격을 유지한 채 함께 뛰었다. 그렇게 잠깐 뛰는 사이 남자는 자기 집 방향으로 틀어서 다른 골목길로 들어섰다.

불과 몇 분 안 된 상황에서 벌어질 수 있는 일이지만 짧은 순간에도 공포에 휩싸였을 여자의 모습을 생각해보자. 지나친 일반화라고 하기에는 많은 여성들이 유사한 경험을 이야기한다. 여성은 일상의 모든 순간을 남성의 성폭력 피해자가 될 수 있는 가능성과 함께 살고 있다. 그것을 상황에 따라 의식하거나 못하거나 하는 것뿐이다. 이런 면에서 남성은 잠재적이 아닌, 존재 자체로도 가해자이다. 실제 성폭력 행위를 한 사람과 구별 짓기 위하여 '잠재적' 가해자라는 표현을 하는 것뿐이다. 형법상 가해자가 아닐 뿐 남성이 여성을 마음대로 해도 된다는 가부장적 사고의 유산이 남아 있고 실제 많은 여성이 성폭력 피해자가 되는 상황이라면 남자라는 존재 자체가 가해자가 되는 이유가 된다.

물론 남성이 들으면 기분 나쁠 수 있는 이야기다. 그러나 존재 자체가 가해자이니까 죄진 마음으로 주눅 들어 살자는 의미가 아니다. 이러한 가부장적 구조, 남자라서 여자를 마음대로 할 수 있는, 혹은 마음대로 할 것이라는 생각을 가능케 하는 구조가 존재한다는 사실을 인식하고 받아들이자는 것이다. 그래야만 문제적 구조를 없앨 수 있는 작업을 시작할 수 있다. 그래서 하는 이야기다. 평생 꽃으로도 남을 때려본 적 없는 대다수 남성이, 그럼에도 불구하고, "나는 여성에 대한 (잠재적) 폭력의 가해자다."라고 인식하는 순간 한국사회의 미래는 아주 밝게 다가올 것이다.

5. 가부장제의 부메랑

5. 가부장제의 부메랑

가부장제는 우선 한 집안에 가장으로서 남성이 있고 그 남성이 모든 결정권을 갖는다는 뜻으로 이해할 수 있다. 가부장(家父長)을 한자말로서 풀면 한 집안(家)의 아버지(父)로서 우두머리(長)가 되기 때문이다. 따라서 가부장적 사회구조라고 표현하면 사회구조를 남성이 지배하고 결정하는 상황으로 이해할 수 있다. 그런데 그 의미가 무엇일까? 그리고 남성 지배적 사회의 부메랑은 또 어떤 것일까? 알아보도록 하자.

가. 가부장제

"정신분석은 '무의식의 세계'를, 마르크스는 '계급'을, 페미니즘은 '가부장제'를 발견하였다(고정갑희,2007:15)."는 표현이 있다. 페미니즘 입장에서 볼 때 가부장제는 그만큼 사회구조의 기본토대이다. 그리고 가부장제를 구성하는 토대가 젠더(Gender)이다. 이때 젠더는 남녀 간 위계질서가 된다. 위계질서는 남성이 여성 위에 군림하고 있음을 의미한다. 남성이 여성에게 이래라 저래라 할 수 있는 결정권을 갖고 있는 것이다. 결국 남성이 여성의 모든 것을 결정할 수 있는 권한이 가정에서부터 사회까지 골고루 구축되어 있는 구조를 가부장제라고 할 수 있다.

가부장제는 로마시대 여자와 자식, 토지, 생산수단과 노예 등이 모두 남성 가장 한 명에게 속한 개념으로서 파밀리아(Familia)에서 모습을 드러냈다. 파밀리아 자체 의미는 '한 사람에게 종속된 노예 전체'라는 의미이다.[45] 남성 가장을 피라미드의 정점으로 하여 그 밑에 아내, 자식, 토지 등 자산, 노예가 뒷받침하는 그림을 상상하면 된다. 남성 가장은 가족과 노예에 대한 생사여탈권을 소유하면서 무한한 성적 자유를 누린 반면 아내에는 일방적 정조를 강요하는 구조였다. 아내가 성적 자유를 갖는다면 자신의 재산을 상속할 수 있는 적자 구별이 어려워졌기 때문이다. 이러한 가부장제를 엥겔스는 남성 독재 최초의 산물이라 부르기도 하였다(Engels,1984:64).

가부장제는 로마시대 기독교의 급속한 전파에 힘입어 함께 자리를 잡았다. 가부장적 기독교 교리는 여성을 가부장 소유의 노예 혹은 가축 정도 수준으로 보았고, 아담과 이브 이야기에서 볼 수 있듯이, 남성을 타락시키는 악과 부정의 상징으로 보았다(한국여성연구회,1994:20). 봉건시대 가부장제의 전형적 예가 봉건영주의 가부장권이다. 영주는 가족과 가신들의 재산, 일상생활, 결혼 등 모든 운명에 대한 결정권을 가졌다. '초야권'으로 널리 알려진 영주가 농노의 아내와 딸에 대한 노동과 성을 통제할 수 있는 권리가 대표적 사례이다.

이렇게 역사적 과정을 거치면서 가족(Familia) 단위에서 시작한 가부장제는 국가 형성 과정에서도 국가의 성격을 남성적 지배관계로 만들게 된다. 가족을 대표하는 자가 마을을 대표하고

---

45) 로마 가이우스(Gajus) 황제 시대(284년-305년)에 재산 소유 및 상속을 위한 새로운 사회 조직을 표현하기 위하여 파밀리아(Familia)라는 표현을 공식적으로 사용하기 시작하였다. 이 개념에는 부인과 자녀, 일정 수의 노예, 그리고 이들의 생사여탈권을 모두 갖고 있는 가부장이 포함되어 있었다(Engels,1884:61).

마을을 대표하는 자가 지역을 대표하고 지역을 대표하는 자가 국가 주요 영역을 대표하는 구조로 정착된 것이다. 이러한 역사적 과정을 거치면서 "국가는 노골적으로 남성 개개인의 이익을 추구하지 않지만, 역사적으로 형성해 온 남성성이 국가의 성격 자체를 남성적으로 만듦으로써 남성의 이익을 대변하는 국가를 형성한다(남윤주,1994:172)."

결국 가부장제는 가족 내 여성에 대한 남성 지배가 사회적 차원으로 확대된 상황을 의미한다. 남성은 따라서 모든 사회 분야에서 지배적 결정권을 갖는다. 결정권을 갖는 자리에 대한 여성의 접근은 용납되지 않는다. 남성 중심적 폐쇄적 체계로서 가부장제의 특징을 볼 수 있는 것이다(Lerner,1991:295).

그런데 산업혁명·산업화 과정을 거치면서 사회적 관계를 시장원리가 대체하기 시작하였다(Polany,1944). 농가경제(Hofökonomie)를 중심으로 자급자족하던 생활방식에서 벗어나 자신의 노동력을 상품으로 내놓아(구직 및 취직) 그 대가를 받고(임금) 살아가는 구조가 되었다. 농가경제에서 남성적 생산과 여성적 재생산, 남성의 바깥일과 여성의 집안일 분리는 있었지만 가치의 차별은 없었던 상황이 종료됐다고 볼 수 있다.

산업사회 임금구조가 정착하면서 바깥일(임금노동)을 하기 시작한 남성에게는 화폐 형태의 소득이 생겨났지만 집안일(가사돌봄노동)을 하는 여성에게는 화폐 형태의 소득이 없는, 무보수 가사노동의 시대가 시작되었다. 자본주의 사회 성별노동분리 규범이 본격적으로 자리잡게 되었다. 여기에서 생계를 남성의 임금

소득에 의존하면서 더욱 가부장으로서 남성에게 여성이 복종해야 하는 관계가 생겨났다. 남성과 여성 간 지배-복종 관계이다.

일상에서 이 관계는 사회적 성격을 갖는다. 가족 내 관계가 사회적 관계가 된다. 다른 말로 하면 사회 구성원이 거부감 없이 받아들일 수 있는 일종의 가치·규범, 흔히 하는 이야기로 '정상 상태'가 된다. 남성이 여성의 노동, 성, 재생산(출산) 등 지배(결정)하는 관계가 개인적 차원에서 사회적 관계로 나타나며, 앞서 밝혔듯이, 이러한 사회적 관계의 집합이 가부장제를 구성하는 것이다(Braun,K,1993:139). 이 '정상 상태'의 모습이 한국사회 일상에서 어떻게 나오는가?

나. 일상의 가부장 – 소외된 삶의 시작

일단 가정에서 남편은 가장으로서 결정권을 갖는다. 한국 남편은 통장을 아내에게 맡기고 자식교육부터 모든 살림살이까지 신경 안 쓰고 사는 것 같지만 그렇다고 생각하는 남성조차도 한번 스스로 생각해 보자. 아내에게 맡긴 통장은 경제권을 아내가 가지고 있음을 상징하지 않는다. 이건 아내에게 위탁한 '소비권'이다. 남편의 상황(실직, 장애, 사망, 이혼 등)에 따라 얼마든지 사라질 수 있는, 아내가 남편의 상황에서 파생적으로 나온 권리를 위임받은 것이다. 아이가 어린이집에 가서 학교를 졸업할 때까지 한 번도 선생님을 만나러 가진 않지만 진학 등 중요한 결정에서 여전히 아버지 생각이 우선이다.[46]

결혼 후 여성의 취업활동은 남편과 의논할 수 있는 주제이다.

그러나 남편 입장에서 취업활동은 의논 대상이 되지 않는 주제이다. 너무나 당연하게 남자가 할 일이기 때문이다. 맞벌이가 이제 가족 취업 형태의 거의 절반을 차지할 정도로 변화가 일어나고 있지만, 아직 여성 경력단절 개념은 있어도 남성 경력단절 개념은 생소하다.

아내의 소득은 있으면 더 좋은 추가적 의미를 가질 수 있지만 남편의 소득은 없어서는 안 되는 가족생활의 필수 요소이다. 남편이 원하는 바를 아내는 최대한 잘 맞춰야 좋은 아내, 좋은 엄마, 좋은 며느리 소리를 듣는다. 아내가 원하는 걸 남편은 드문드문 맞춰도, 가끔 아이 학교에 가도 좋은 남편, 좋은 아빠 소리를 들을 수 있다. 돈 버는 역할만 잘 하면 되는데 게다가 아내 비위도 잘 맞추고 자녀문제에도 신경을 쓰는 남편이다. 반면 집안일을 잘 해야 하는 아내가 밖에 나가서 돈을 벌게 된다고 해서 집안일을 잘 해야 하는 의무가 사라지는 것은 아니다. 돈은 돈대로 벌면서 남편 돌봄, 자녀 돌봄을 완벽하게 한다 하더라도 아내는 본전치기에 불과할 뿐이다.

---

46) 물론 가족 상황에 따라 예외적인 경우가 있을 것이다.

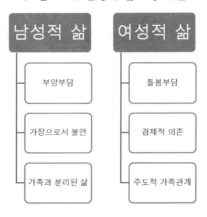

〈그림 5-1〉 남성적 삶·여성적 삶

남성적 삶	여성적 삶
부양부담	돌봄부담
가장으로서 불안	경제적 의존
가족과 분리된 삶	주도적 가족관계

그런데 이렇게 가부장으로서 사는 일상이 한국사회 남성에게도 만족하고 행복스러운 삶을 보장하느냐는 것이다. 후기산업사회, 4차 산업혁명을 이야기하는 이 시기에 가족의 경제적 부양부담을 혼자 짊어지고 사는 삶 자체가 과연 남성에게 어떤 결과를 가져오느냐는 것이다. 가족사회적 관계로부터 소외된 삶의 시작일 뿐이다. 이런 상황을 이야기할 때 가장 실감나는 사례로서 사망률, 끝없는 부양부담, 가족생활 등을 살펴보도록 하자.

1) 먼저, 많이 죽는 남성들

연령별 사망자 수 성비 개념이 있다. 연령대에서 여성 대 남성 사망 비율이 어떻게 되냐는 것인데, 2014년 현재 사망자 수 성비가 가장 큰 차이가 나는 연령대, 즉 여성보다 남성 사망자 비율이 가장 높은 연령대가 50대이다. 그 다음이 60대, 40대 순이다. 중장년으로 접어들면서 여성에 비해 남성이 죽는 경우가 많아진다. 그 비율이 50대 2.88배, 60대 2.51배, 40대 2.37배 순이다. 중장년층에 접어들면 남성이 여성보다 2~3배 죽을 확률이 높아진다는 의미이다(통계청,2015.9:3). 이렇게 높은 남성 사망률이 부양부담 등 사회적 요인에 의한 것임은 일찍이 밝혀졌다(이미숙,2001).

자살률[47)]의 경우에도 남성 자살률(38.4명)이 여성(16.1명)의 2.38배이다. 최근 경제개발협력기구(OECD) 회원국 최고수준의 자살률이라는 오명을 벗기 위하여 정책적 개입을 확대한 결과 자살률 자체가 소폭 감소하는 추세를 보인다. 그럼에도 불구하고 2014년에도 여전히 40대 이상 남성 자살률은 40대 이상 여성 자살률에 비하여 거의 3배 가까이 높은 경향을 보인다. 80세 이상이 되면 남성노인 자살률은 92.3명까지 올라간다(표 5-1). 경제적 능력을 상실하거나 감소 경험을 하게 되는 노년기에 가족관계 등 사회적 관계망에서 여성보다 남성이 더 소외된 결과로 추론할 수 있다.

---

47) 인구 10만 명당 자살자 수.

〈표 5-1〉 연령별 자살률 추이(2004~2014)

(단위: 인구 10만 명당, %)

연령(세)	남녀전체				남				여				성비
	2004년	2013년	2014년	13년 대비 증감률	2004년	2013년	2014년	13년 대비 증감률	2004년	2013년	2014년	13년 대비 증감률	2014년
계	23.7	28.5	27.3	-4.5	32.4	39.8	38.4	-3.6	14.9	17.3	16.1	-6.5	2.38
1-9	0.0	-	0.0	-	0.0	-	0.1	-	-	-	-	-	-
10-19	3.7	4.9	4.5	-7.7	4.2	5.6	5.5	-2.7	3.2	4.1	3.4	-15.2	1.58
20-29	13.8	18.0	17.8	-1.0	16.7	20.9	21.8	4.2	10.8	14.8	13.4	-9.3	1.63
30-39	20.6	28.4	27.9	-1.5	27.2	36.4	36.6	0.5	13.7	20.0	18.9	-5.3	1.93
40-49	29.4	32.7	32.4	-1.1	43.1	47.2	46.6	-1.2	15.3	17.8	17.7	-0.5	2.63
50-59	37.9	38.1	36.4	-4.3	58.6	58.0	55.2	-4.8	17.4	18.0	17.4	-3.0	3.17
60-69	51.4	40.7	37.5	-7.9	84.4	64.6	59.8	-7.4	23.5	18.4	16.5	-10.2	3.62
70-79	81.6	66.9	57.6	-13.9	128.2	110.4	92.3	-16.4	54.0	35.4	32.1	-9.3	2.88
80 이상	125.3	94.7	78.6	-17.0	205.8	168.9	143.4	-15.1	92.2	63.9	51.1	-20.0	2.81

출처: 통계청(2015.9:16).

인생 100세 시대를 이야기하지만 상당수 남성에게는 40~60대 사이 고비를 넘겨야 하는 과제가 있다. 그러나 이 시기는 그렇게 길지도 않았던 취업활동이 격변기를 맞이하는 때이기도 하다. 1997년 국제통화기금(IMF)발 금융위기를 겪은 직후 직장인 체감 정년 연령이 30대 후반이라는 설문조사 결과가 있을 정도로[48] 한국사회는 법정 정년 연령인 60세는 대부분 직장인들에게는 언감생심 같은 이야기다. 정년 때까지 고용 보장을 받을 수 있으리라 믿고 있는 직장인은 4명 중 1명이 안되기도 한다. 이들 중 상당수는 50세를 전후하여 직장을 나온다.[49] 게다가 법정은퇴연령은 60세이지만 실질은퇴연령(유효은퇴연령)은 71.2세로서 경제개발협력기구(OECD) 가입국가 최고 수준을 보이고 있다.[50]

결국 50세 전후에 직장을 퇴직한 후 실질적으로 돈벌이를 그만 두는 70세 초반까지 거의 20년 정도를 택배기사, 대리운전기사, 편의점주, 통닭집 사장님으로 상징되는 불안한 취업활동을 하는 양상이다. 왜 그런가? 끝까지 짊어져야 할 가족 부양부담이 있기 때문이다.

---

48) 직장인 체감 정년 38.8세
   (http://www.labortoday.co.kr/news/articleView.html?idxno=24827).
49) '응답자 74.5%는 정년 때까지 고용보장은 받을 수 없으리라 전망' 취업 포털 잡코리아 2010년 11월 10일.
50) 경제개발협력기구(OECD)(2012), Average effective age of retirement versus the official age, 2007-2012a.

2) 끝까지 짊어져야 할 부양부담

2007년에 한국사회 남성 가장이 갖는 삶의 무게를 보여주는 비슷한 내용의 영화 두 편이 거의 동시에 개봉되었다. 중년남성의 힘든 삶을 실감나게 묘사한 반면 돌파구라 음악밴드 결성이어서 어느 정도는 판타지 영화 같은 느낌도 준다. 가장으로서 갖는 부양부담과 심리·정서적 문제, 가족관계에서의 문제에 시달리는 인생이 (돈벌이가 되지 않는) 음악으로써 즐거운 인생으로 풀려나간다면 좋으련만 현실은 대체로 그렇지 않다는 의미에서 판타지 영화라는 표현을 하였다.

영화 '브라보 마이라이프'는 30년을 만년 부장으로 살아온 조민혁이 퇴직을 앞두고 이루지 못한 드러머의 꿈을 이루는 과정을 그리고 있다.[51] 나름의 철학을 가지고 30년 동안 회사생활을 버텨온 조부장을 통해 샐러리맨의 고단하지만 평범한 일상을 엿볼 수 있다. "30대에는 아무리 더럽고 치사해도 눈치코치로 사는 거고, 40대에는 알아도 모르는 척, 50대에는 들어도 못 들은 척 이렇게 버티는 것이다. 그러면 정년보장은 너끈히 받는다."는 것이다.

어느 날, 이른 퇴근을 하는 박과장의 뒤를 따라간 조부장은 무대 위의 열정적으로 기타를 치는 박과장의 모습을 보게 되고 "좋더라."라는 말을 건넨다. 조부장과 박과장은 술을 기울이며 서로 가장으로서 살아가는 고충들을 하나둘 풀어 놓는다. "한참 일 할 나이에 정년퇴직 당하지. 자식들 대학에 입학금, 등록금.

---

51) 이하 영화 내용은 정재훈(2013)에서 가져온 것임.

결혼이다 뭐다해서 돈 더 쓰지... 평균수명 늘어서 좀처럼 죽지도 않지... 이게 현대판 3대 비극이야." 라며 조부장은 퇴직을 앞둔 자신의 심정을 토로한다. 그리고 젊은 시절 드럼 꽤나 쳤던 실력으로 조부장, 김부장, 박과장과 경비 최석원씨는 갑근세 밴드를 결성하게 된다.

그러던 어느 날 조부장의 상사 노전무가 거래회사와의 부정거래자 누명을 쓰고 퇴직한다면 퇴직 후 일할 자리를 봐주겠다는 솔깃한 제안을 한다. 단번에 거절할 수도 있는 제안이었지만 아들을 유학 보내려면 아직 더 일해야 했기에 갈등한다. 그리고 조부장의 퇴직 날, 마지막 콘서트를 하기로 한 장소에서 노전무에게 "능력이 없어서 만년부장으로 떠나지만 30년 평생을 바쳐 정말 열심히 일해 왔고, 누가 알아주길 바라는 게 아니라 단지 자신이 이 회사 정문을 나서는 그 순간 떳떳하게 어깨를 펴고 나가고 싶다"고 말한다. 그리고 무대로 올라선다. 회사 직원들의 환호 속에 갑근세 밴드의 공연은 시작된다. 그렇게 꿈을 뒤로한 채 대한민국의 가장으로, 아버지로 살아온 그들에게 '브라보'를 외치며 조부장의 기념 콘서트는 이어진다.

또 다른 영화 '즐거운 인생'은 가정에서도, 직장에서도 눈칫밥 먹기 바쁜 중년 남성들이 겪는 삶의 애환을 다룬다. 진정으로 하고 싶은 게 무엇인지 잊은 채 아빠로, 남편으로 살아온 그들에게 친구 상우의 죽음은 대학가요제 탈락을 끝으로 해체했던 락밴드 활화산의 부활을 꿈꾸게 한다. 기영과 성욱 그리고 혁수 셋이 모여 소주를 한잔 기울이던 밤, 기영이 "그래! 너희 하는 거지?"라고 말해보지만 가족이라는 무게 앞에 두 친구는 다시 "아니"라는 고달픈 현실로 돌아온다. 그러나 그날 밤 둘은 불현듯 밴드를 다시 하기로 결심한다. 그 후 기영은 상우의 아들 현준에게 보컬을 부탁하게 된다. 잘생긴 외모, 노래, 악기 실력까지 겸비한 현준의 투입으로 활화산은 본격적으로 밴드로서 활동하기 시작한다.

상승세를 타며 밴드 활동을 즐기는 활화산 멤버들과는 달리 그들의 가족들은 냉랭한 반응을 보일 뿐이다. 기영의 아내가 유일하게 아주 조금 관심을 보일 뿐이다. 심지어 혁수는 타지에 있는 아내가 다른 사람이 생긴 것을 알게 되면서 활화산의 운명은 위기에 처한다.

그러던 어느 날, 기영, 성욱, 혁수, 현준가 활화산 연습실이었던 혁수의 중고차 창고에서 다시 모인다. 그리고 그 자리에 '라이브클럽 활화산 조개구이 집'을 개업한다. 개업 첫날 성욱의 아내와 아들, 혁수, 기영의 딸과 아내 그리고 활화산과 밴드를 함께 했던 클럽 친구들이 모두 모인다. 활화산은 즐거운 인생을 부르며 인생의 흥겨움에 다시 불타오른다.

두 영화 모두 비슷한 줄거리를 보인다. 그리고 한국사회 남성 가장이 겪는 현실과 달리 영화의 끝은 음악과 함께 해피엔드이다. 이러한 영화적 요소는 그대로 이해하기로 하자. 여기에서는 두 영화에서 볼 수 있는 가장의 문제에만 주목해 보자.

가장으로서 경제적 부양부담이 최고조로 달할 때에 은퇴하는 상황과 인생 100세 시대가 그리 반갑지 않고 그 긴 은퇴 후 생활을 살아가야 하는 불안을 담은 '현대판 3대 비극'이 문제의 핵심을 짚어주고 있다(브라보 마이라이프). 또한 정리해고의 다른 표현일 뿐인 명예퇴직, 돈벌이 못하는 아버지로서 자녀의 존중마저 받지 못하는 상황, 자녀교육비 문제와 더불어 기러기아빠의 비애도 그리고 있다(즐거운 인생).

〈그림 5-2〉 가부장사회 아버지의 역할을 다루는 영화 속 대사

한참 일할 나이에 정년 퇴직 당하지.

자식들 대학 입학금, 등록금. 결혼이다 뭐다 해서 돈 더 쓰지

평균수명 늘어서 좀처럼 죽지도 않지

실업:(딸) 오늘 얼마 벌었어?

조기퇴직:(아내) ... 돈이 문제야?

기러기아빠:(아내) ... 그렇게 한가해?

출처: 영화 브라보 마이라이프(2007), 즐거운 인생(2007) 중 대사.

혼자서 갖는 부양부담은 취업활동에 매몰되는 삶의 방식으로
나타난다. 여성비하적이고 파괴적이며 자기중심적인 남성적 삶을
합리화하는 문법이 가족생계를 위해 몸을 바치는 것이다. 그런
데 그 결과는 어떻게 나오는가? 취업인생 말년·노후인생 출발을
'3대 비극'으로 시작한다. 아니면 정리해고로 중도하차를 하거나
기러기아빠가 되어 가족으로부터의 존중도 사라진다. 시간의 흐
름에 따라 가족(부부)관계에서 점차 멀어지고 홀로 남게 되는 생
활이 기다리고 있는 것이다.

3) 가족생활의 끝은 무서운 마누라?

최근 시중에 떠돈 유머 아닌 유머가 있다(그림 5-3). 40대부
터 90대까지 남성이 모두 '마누라에게 맞아서 치료를 받고자' 병
원에 왔다가 자리를 함께 했다. 40대는 외출하는 마누라에게 어
디가냐고 물어봤다가, 50대는 함께 가자고 했다가 맞았다고 했
다. 60대는 마침 외출했다가 전화한 마누라에게 집에 들어오라
했더니, 나중에 집에 들어온 마누라에게 쓸데없는 잔소리를 했다
면서 맞았다 했다. 70대는 이제 예전에는 안하던 빨래, 청소 등
집안일도 다 하는데도, 마누라 눈에 띈다고 맞았고, 80대와 90대
는 아직까지도 살아 있다는 이유로 맞았다는 유머이다.

〈그림 5-3〉 맞은 남성의 연령대 별 사연[52)]

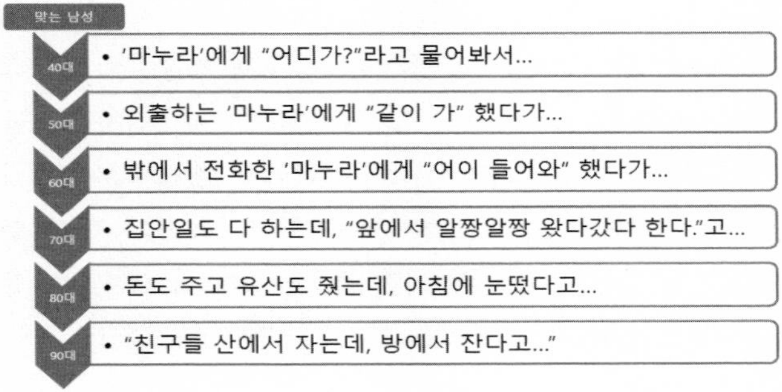

맞는 남성	
40대	• '마누라'에게 "어디가?"라고 물어봐서…
50대	• 외출하는 '마누라'에게 "같이 가" 했다가…
60대	• 밖에서 전화한 '마누라'에게 "어이 들어와" 했다가…
70대	• 집안일도 다 하는데, "앞에서 알짱알짱 왔다갔다 한다."고…
80대	• 돈도 주고 유산도 줬는데, 아침에 눈떴다고…
90대	• "친구들 산에서 자는데, 방에서 잔다고…"

여성 긴급전화 1366에 가정폭력 문제로만 상담을 하는 여성이 해마다 10만 여명을 넘어가고 있는 상황(통계청,2014:42)에서 '마누라에게 맞은 남편' 이야기는 분명 그냥 웃자고 받아야 한다. 그런데 이렇게 웃자는 이야기에도 맥락이 있다. 퇴직한 남편이 집에서 먹는 식사 끼니 수를 갖고서 영식씨, 두식이, 삼식이 등등 유머가 이전에 있었다. 이렇게 먼저 유행한 유머에는 연령별 구분이 없다. 단지 퇴직한 나이 많은 남성이 소재일 뿐이다. 그런데 최근 유머에는 연령별 구분이 되어 있고 또 40대부터 시작한다. 왜 그걸까? 30대 남편 이야기는 왜 없을까? 그냥 웃자고 한 이야기를 너무 진지하게 받아들일 수 있는 실례를 무릅쓰고 해석하자면 다음과 같다.

---

52) 'EBS(2014.12.29), 가족의 발견(https://www.youtube.com/watch?v=3vz7 C1E682M)'을 토대로 재구성.

이전 유머에서 기준은 퇴직이었다. 연금이나 자산이 있긴 하지만 퇴직은 경제적 능력의 상실을 의미한다. 즉 이전 유머에서는 경제적 능력을 상실한 남성이 집에서 밥만 축낸다는 식의 내용을 보여줬다. 그러나 최근 유머는 연령별로 다양하게 나타나는 고용 불안과 조기 퇴직, 은퇴 후 급감하는 경제적 부양 능력 등에 대한 사회적 인식이 높아졌음을 반영하고 있다. 퇴직 뿐 아니라 취업활동 자체가 불안해진 현실을 보여주고 있는 것이다.

빠를 경우에는 30대 말에도 회사를 나가야 하는 불안감이 든다고는 하지만 아직 퇴직을 본격적으로 생각할 연령대는 아니다. 그러나 40대가 되면 퇴직·이직을 생각해야 하는 현실이다. 그런데 40대는 아직 자기 할 일이 많은 세대라서 외출하는 마누라에게 함께 가자는 말은 하지 않는다. 실질적으로 회사를 나오기 시작하는 50대는 예전에는 하지 않았던 동반외출을 할 정도로 시간이 남게 된다. 물론 현실에서는 이른바 '인생 2막'을 위해 창업 준비를 해야 하지만 60대는 본격적으로 갈 곳이 없어지는 시기이다. 여성들처럼 사회적 관계망도 없기 때문에 몇 달에 한 번 나가는 예전 학교 동창 모임이 전부다. 그래서 온종일 집을 지키면서 생기는 무료함 때문에 마누라에게 빨리 들어오라는 말을 한다. 70대는 한창 돈벌이 하면서 가장으로서 체면을 가질 때에는 상상도 안했던 집안일도 익숙해지는 시기다. 그러나 이미 마누라는 자기 나름의 관계망이 있다. 어디 갈 곳도 없어 마누라만 바라보는 남편의 존재가 성가시다. 80대 이후에는 집안일도 제대로 못하고 마누라의 돌봄에 전적으로 의존해서 살아가는 시기가 된다. 그래서 살아 있다는 자체로 마누라에게 무시를 당한다.

기성세대 남성이 가족부부관계로부터 소외되는 모습을 보여주는 유머의 의미는 중요하다. 취업활동에 인생의 전부를 걸었고 가족부양능력에서 나오는 가부장적 권위를 누릴 수 있었다. 그러나 일을 그만두는 순간, 그동안 쌓았던 인맥은 신기루처럼 사라지게 된다. 일에 기초한 관계망이었기 때문이다. 그래서 한창 일할 때 몰랐던 '관계 빈곤'53)을 겪게 된다. 사회적·경제적으로 남부럽지 않을 만큼 성공하여 가장으로서 가족부양 역할을 다한 결과가 '관계 빈곤'으로 인한 외롭고 쓸쓸한 노후가 되는 것만큼은 피해야 할 것이다.

그나마 이러한 유머는 중산층 놀이다. 은퇴 후 연금이든 자산소득이든 무엇이 있어서 집에서 시간을 보낼 수 있는 사람의 이야기다. 상당수 중장년·노년기 남성은 자영업이든 택배·경비 일이든 힘이 다할 때까지 돈을 벌어야 하는 상황으로 내몰린다. 가장으로서 평생 가족부양을 위해서 뛰었지만 노후에는 나 혼자 먹고 살기도 힘들어서 죽을 때까지 일해야 하는 무수히 많은 노인이 우리 주변에 있다. 경제개발협력기구(OECD) 회원국 최고 수준의 노인 빈곤율이 그런 상황을 잘 대변해준다.54) 관계 빈곤

---

53) 초등교실까지 만연한 '관계빈곤'(한기호의 다독다록, 경향신문 2016년 7월 12일 29면).

54) 2012년 현재 경제개발협력기구(OECD) 회원국 평균 노인 빈곤율은 12.4%이다. 65세 이상 노인 100명 중 중위소득 이하 노인이 12.4명이라는 의미이다. 한국의 경우는 49.6%로서 회원국 내 가장 높은 노인 빈곤율을 보이고 있다(OECD,2015:171). 한국 노인 100명 중 거의 50명이 중위소득 이하의 수입으로 살아가는 현실이다.

에 빠지거나 물질적 빈곤에 시달리는 상황, 이것이 한국사회 남성에게 가부장제가 던져주는 부메랑이다.

다. 남아선호사상의 감소?

가부장제의 부메랑이 또 하나 있다. 1980년대 중반 이후 매우 불균형한 모습을 보였던 출생아 성비가 균형을 찾아가는 모습이다. 출생아 성비는 출생 여아 수 100명 대비 출생 남아 수를 의미한다.[55] 1980년대 중반 초음파 기술로 태아 성별을 알아낼 수 있는 상황이 되면서 여아 낙태가 사회문제화되었다. 출생아 성비가 매우 기형적 불균형을 보인 것이다. 그래서 태아 성별을 가르쳐 주는 의사는 형법상 처벌을 받기도 하였다.[56]

이러한 여파로 1990년 출생아 성비는 116.5명이라는 불균형 상태를 보였다. 이 숫자는 출생 순서를 따지지 않은 평균을 의미하는 것이고 1980년대에 셋째아의 경우 성비가 300명 수준까지 나오는 극심한 불균형 상태도 있었다. 그래서 1980년 중반 1990년대 후반에 태어난 남자아이들은 나중에 색싯감을 찾을 수 없을 것이라는 농담 반 진담 반 이야기가 퍼지기도 하였다. 1990년 이후 출생아 성비는 지속적으로 감소하여 현재는 105명 수준이다(그림 5-4). 비교적 균형을 보여주는 수준이고 이를 놓고 '남아선호사상의 감소'로 감소로 해석하기도 한다.

---

55) 국가지표체계
    (http://www.index.go.kr/potal/main/EachDtlPageDetail.do?idx_cd=2917)
56) 2008년 7월 31일 헌법재판소로는 태아 성별을 알려주는 의사를 처벌하는 의료법 20조 2항을 헌법 불합치 판결을 하였다.

〈그림 5-4〉 출생아 수 및 출생아 성비 추이(1990~2015년)

자료: 통계청, 「인구동태통계연보(총괄·출생·사망편)」

출처: 통계청(2016:8).

그러나 남아선호사상의 감소로 보이는 출생아 성비 105명은 가부장제의 부메랑이기도 하다. 아들 출생을 더 이상 과거처럼 맹목적으로 바라지 않기 때문에 분명히 성비 균형이 이루어진 것이다. 이런 의미에서는 남아선호사상 감소가 맞다. 다른 한편 에서 보면 가족부양 의무를 가진 아들이 더 이상 그 역할을 못하는 사회가 되면서 '아들'이라는 성(Gender) 자체에 대한 실망 감이 출생아 성비 균형으로 이어진 것이다. 일각에서 말하는 여아선호사상의 확대는 아니라는 의미이다.

혈연·지연·학연 등 연고주의에 의한 사회·경제적 관계가 뿌리 깊게 자리 잡은 한국사회에서 엄청난 수준의 사교육비 부담을 감수하고라도 가족 구성원 중 한 명의 성공은 가족의 성공 그 자체를 의미하는 것이었다. 가부장적 가치에 따라 성공해야 할 가족 구성원은 딸 아닌 아들, 아들 중에서도 가능하면 맏아들이었다. 이러한 현상에서 가족의 도구주의적 기능(장경섭,2009:103)을 찾을 수 있다. 가족중심주의적 네트워크 형성과 아들을 중심으로 한 자녀 교육에 대한 아낌없는 투자라는 행동 양식은 가족관계와 가정생활도 성공을 위한 하나의 도구로 만들어 버렸다.

그런데 1997년 국제통화기금(IMF) 경제·금융 위기 이후 한국사회에서 고용 불안정은 상수가 되었다. 70·80년대처럼 자녀에 대한 사교육비 투자에 따른 명문대 진학이 점차 자녀의 성공 그리고 무엇보다 가족의 성공으로 이어지지 않는 모습을 보이기 시작하였다. 더 이상 (맏)아들에게 가족부양, 가족의 성공을 기대하기 어려운 현실이 된 것이다.

지금 주변을 둘러보면 "아들보다 딸이 더 좋다."라는 말을 하는 사람이 많다. 무뚝뚝한 아들은 부모와 잘 이야기도 안하지만 딸은 시집을 가서도 한 달에 한 번씩 엄마 손을 붙잡고 아빠 팔짱을 끼고 커피 전문점에 가서 '무슨 라떼, 프라푸치노' 하면서 희한한 음료수를 시켜준다. 생일이나 명절 때 용돈도 잊지 않고 챙겨준다. 그래서 딸이 더 좋다고 한다. 그러면 여아선호사상이 생겨난 것인가? 그렇지 않다.

상상해 보자, 이제 한국사회 규범이 바뀌어서 딸이 가족부양을 책임지는 상황이 되었다고. 그래도 딸과 부모 사이가 지금 묘사한 것처럼 좋을 수 있을까? 시부모를 모셔야 한다는 역할규범은 강하다. 그래서 며느리와 시부모 사이가 그렇게 늘 가깝지 않음을 설명할 수 있다. 딸이 부모·가족부양 책임을 갖는 존재가 되는 순간, 딸에 대한 역할 기대가 바뀌는 규범이 그렇게 정착하게 된다면 딸이 가끔 주는 용돈이 지금처럼 큰 기쁨을 주지는 않을 것이다.

출생아 성비 균형은 남아선호사상 감소의 지표이긴 하지만 여아선호사상의 증가 혹은 양성평등의 지표는 아니다. 다만 가족 부모 부양 의무자로서, 가족의 성공을 책임지고 이끌어나갈 아들이 더 이상 제 역할을 할 수 없는 현실에 대한 반응일 뿐이다. 가부장제의 또 다른 부메랑이 이 땅의 많은 아들에게 와서 부딪치고 있다.

라. 양성평등의 불편한 진실

1990년대 이후 사회 각 분야에서 많은 변화가 일어났다. 사회운동으로서 여성운동이 과거에 비해 더욱 조직화되고 다양화하였다. 여성정책을 확대해야 할 정책 환경 변화도 대내외적으로 있었다. 그 결과 기회의 평등을 보장해주는 수많은 여성 관련, 성차별 해소를 위한 법률 제·개정이 있었다. (법적)기회의 평등이 보장되는 한국사회가 된 것이다.

(법적)기회의 평등을 활용할 수 있는, 특히 중산층 여성의 사회참여 확대 속도가 빨라졌다. 전통적 남성 영역이라 할 수 있는 법조계, 의료계 등 권력이 모이는 영역에 여성의 모습이 보이기 시작하였다. 그럼에도 불구하고 남녀성별역할분리 규범이라는 가부장적 가치가 특히 중장년층 세대를 중심으로 남아 있다. 남성가장의 외벌이가 가능했던 1970·80년대를 살아온 경험에 고착된 세대의 가치이다. 그래서 여성 사회 진출은 여성만이 해야

하는 일·가정양립, 취업·돌봄노동의 이중부담이라는 결과로 이어지곤 한다.

　여기에 대한 집단으로서 여성의 반응은 비혼, 저출산 등으로 나타나고 있다. 여성혐오를 소재로 한 여러 가지 사건이 이어지면서 사회적 관계에서 여성은 변화를 요구하고 있다. 남성에게도 가부장적 구조의 온존은 부양부담으로 인한 과부하, 가족관계로부터의 소외라는 부메랑으로 다가오고 있다. 법적(기회)의 양성평등은 이루었다. 그러나 사회의 모습 자체는 평등하지 않은 상황이다. 성별역할분리 규범, 이중부담에서 오는 출산기피 현상, 점점 감당하기 어려운 혼자만의 가족부양 부담과 가족관계로부터의 소외가 있다. 이것이 (법적)기회의 평등과 가부장제의 공존, 이것이 현재 한국사회 양성평등의 불편한 진실이다.

〈그림 5-5〉 양성평등의 불편한 진실 - (법적)기회의 평등과
가부장제의 공존

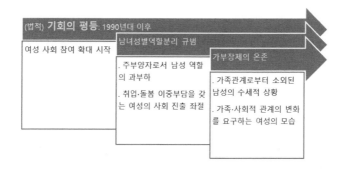

6. 복지국가에서
찾은 교훈

6. 복지국가에서 찾은 교훈

남녀 일·가정양립을 이루어 남성은 지금보다 더 많은 가족생활을 하여 가족관계의 즐거움을 갖고, 여성은 더 이상 일·가정양립이라는 이중부담을 혼자 지지 않도록 하는 세상을 어떻게 만들 수 있을까? 오래됐지만 새로운 답이 있다. 그것은 바로 복지국가이다.

복지국가는 그 기원을 19세기말 산업혁명기 독일 비스마르크식 사회보험 입법이나 영국 자유당 정부 사회개혁에서 찾는다면 이미 100여 년의 역사를 가지고 있다. 제이차세계대전 이후 등장한 서유럽 및 북미대륙 복지국가 체제에서 찾아도 70여 년의 역사이다. 그리고 한국에서도 이미 10여 년 전부터 선거 때 빠지지 않는 단골메뉴가 되었다. 이런 의미에서 그리 새롭지 않은 오래된 답이다.

그러나 복지국가는 유형별 차이는 있지만 공통적으로 1990년대 이후 경제적 관계의 세계화, 지속적 저출산과 인구 고령화로 대변되는 인구학적 변동, 전례 없는 규모의 난민 유입 등 새로운 환경의 도전에 직면하여 혁명적 전환기를 맞이하고 있다. 그리고 이 혁명적 전환기를 성공적으로 통과하기 위한 가장 강력한 수단의 하나로서 양성평등 전략을 채택하고 있다(Esping-Andersen,2009). 1990년대 이후 전환기를 맞이한 복지국가 체제가 양성평등 전략으로써 위기 극복을 시도한다는 점은, 전통적 복지국가는 양성평등적이지 않았다는 이야기도 된다.

가. 전통적 복지국가의 성립

복지국가는 19세기 산업혁명 과정의 산물이다. 산업혁명이라고 해서 경제적 차원의 산업화에만 주목하면 안 된다. 경제적 산업화와 더불어 정치권력의 세속화 과정이 나타났다. 신권에 의존하던 절대왕정국가가 사라지고 보편적 참정권에 기초한 선거정치를 통해 정부를 선출하는 '권력의 세속화' 과정이 일어난 것이다.

1) 산업화

복지국가 체제 등장의 필요조건은 산업화, 즉 경제성장이다. 산업화 과정에서 자본과 노동의 대립, 부르주아 계급과 노동자 계급 간 극심한 격차 등 많은 문제가 드러났다. 반면 이러한 문제를 해결할 수 있는 전례 없는 대규모의 부를 생산할 수 있었던 것도 산업화의 덕이다. 산업화로 인하여 '문제 발생 → 문제 해결의 필요성 → 문제해결에 필요한 자원동원 능력' 구도가 가능해진 것이다(Lampert,1991:146; Schenk,1981:48).

산업화는 이전에는 존재하지 않았던 가족임금 개념도 만들어 냈다. 산업화 이전 농경사회에서는 부모와 아동이 집에서 들에서 각자 맡은 역할을 하면서 먹을 것을 자급자족하였다. 아이들도 조금만 성장하면 자기 몫을 해야 했다. 아동기 개념은 산업화 이후 나온 것이다. 산업화 이전 농경사회에서 아동은 그냥 '작은 어른'이었다. 그러나 산업화 과정에서 아동기 개념이 생겨나고 혹독한 노동조건에서 아동과 (아동을 돌보는 모성을 가진) 여성을 분리시키는 과정이 일어났다. 남성 노동자 중심 노동운동은 모성보호와 아동보호를 대가로 여성을 집으로 보내는 대신 가장으로서 가족을 먹여 살릴 수 있는 '가족임금'이라는 성과(?)를 얻어냈다(홍승아,1998:459). '남성은 밖에 나가서 돈 벌어 오는 사람, 여성은 집에서 살림하는 사람' 구도가 생겨난 것이다. 따라서 복지국가적 개입으로 해결해야 할 질병, 노령, 실업, 사고, 장애 등 사회적 위험은 돈 벌던 남성(가장)의 돈벌이를 중단시키는 위험이었고 이러한 위험이 발생했을 때 가족은 복지국가적 개입에 대한 권리를 갖게 되었다. 이른바 사회권 개념의 확립이다.

2) 사회권의 확립

15세기 지리상의 대발견 이후 가속화된 상업혁명은 부르주아를 중심으로 한 시민 집단을 만들어냈다. 전통적 지배층으로서 성직자, 왕족, 귀족도 아니고 그렇다고 농노나 노예도 아닌, 자신만의 재산을 갖고 사업을 통해 재산을 축적하는 새로운 계급이 생긴 것이다. 중세봉건국가 체제에서 이 새로운 계급은 재산권과 참정권을 가졌다. 시민계급이 수적으로 확대되고 산업혁명 과정에서 대규모로 등장한 노동자 집단은 한 때 '굶어죽을 자유'만 누릴 정도로 빈곤문제를 겪었지만, 노동운동으로 조직화하면서 부르주아 계급과 같은 참정권을 요구하였고 또한 쟁취하였다. 보통선거제도에 기반을 둔 민주주의의 정착이다. 국민이 선출하는 권력이 임기에만 집권하는 근대국가 체제가 출현함으로써 국가는 그 존재의 정당성을 국민보호에서 찾아야했다. 이렇게 해서 등장한 개념이 사회권이다. 과거 절대왕정국가 체제에서 국민의 먹을 것 보장은 왕이 백성에게 내리는 은혜였지만, 이제는 국민이 국가에 요구할 수 있는 권리, 즉 사회권이 된 것이다 (Marshall,1950).

산업혁명기를 거치면서 근대사회는 위험관리 체제로서 복지국가를 탄생시켰다. 이를 '근대사회의 보험사회화(천선영,2008:308)'로 표현한다. 사회적 위험을 예방하고 위험의 결과로서 발생하는 경제적·심리적·사회적 불안을 해소·관리하는 체제로서 복지국가가 등장한 것이다. 위험 발생 예방과 관리 체계로서 복지국가의 정당성이 존재한다. 그런데 이 위험은 더 정확히 말하면 남성 가장의 문제였다. 따라서 남성 가장의 바깥노동을 가사돌봄노동을 통해 재생산하는 역할을 하는 여성 전업주부의 무보수 가사돌봄노동은 복지국가 체제의 성공적 운영을 위한 중요한 필요조건이었다.

3) 남녀성별노동분리에 근거한 복지국가 체제 발전

산업혁명기 복지국가 성립은 남성 노동자의 노동력을 여성 전업주부의 무보수 가사돌봄노동으로 재생산하였기에 적은 비용으로 가능하였다. 초기 복지국가 설계의 원형이 되었던 영국 베버리지 보고서를 보면 "향후 30년 간 영국의 이상을 전 세계에 확신시키는 과정에서 어머니로서 전업주부의 역할이 결정적 역할을 할 것이다(Beveridge,1942:52)."라는 구절이 나온다.[57] 여기에서 '영국의 이상'은 독일식 전쟁국가(the warfare state)에 대항하여 싸우는 과정에서 영국에 전쟁에 승리하면 건설할 것이라고 공언한 복지국가(the welfare state)를 의미하는 것이다.

베버리지식 복지국가 설계에서 전업주부는 노동자, 자영업자, 노인, 장애인과 더불어 사회보장체계에서 고려해야 할 대상 범주 중 하나였다. 남편의 노동력을 재생산하는 역할을 할 뿐 아니라 사회의 존립을 위해 필수적인 2세대(아동)를 재생산하는 역할을 하기 때문이었다. 따라서 전업주부는 남편과 동등하게, 포괄적인 사회보험 혜택을 받을 수 있는 권리를 가지도록 했다. 이렇게 함으로써 아내가 남편의 취업활동에 의존하는 안정적 결혼·가족 생활을 하는 전통적 가족을 유지하게 되고 이러한 가족이 결국 복지국가의 기반이 된다고 베버리지는 본 것이다(정재훈,1988: 50~52).

이러한 복지국가 설계 모형에서 사회적 돌봄 개념은 존재하지 않았다. 아동이든 노인이든 혹은 장애인이든 돌봄이 필요하면 가족이, 더 정확히 말하면 여성이 돌보면 되었기 때문이다. 어린이집이나 요양원 같은 시설은 최소 수준에서 유지하면 되는 기조가 대체로 전후 서유럽 복지국가 체제에서의 지배적 흐름이었다.

---

57) In the next thirty years housewives as mothers have vital work to do in ensuring the adequate continuance of the British race and of British ideals in the world(Beveridge,1942:52-53)."

〈그림 6-1〉 현대 복지국가 탄생의 기초

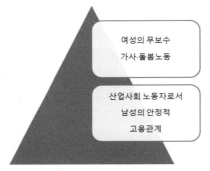

여성의 무보수
가사·돌봄노동

산업사회 노동자로서
남성의 안정적
고용관계

사회적 위험을 해결하는 국가 체제로서 복지국가

나. 복지국가 체제 위기

복지국가 체제 위기 시작은 우선 1970년대 석유파동이 계기가 되었다. 여기에서 발생한 복지국가 재정 위기는 제이차세계대전 이후 끝없는 풍요로움이 이어질 것 같았던 서구 사회에 커다란 충격을 주었다. 1970년대 장기 불황은 그동안 확대되어온 복지국가 체제의 축소 움직임으로 이어지면서 대처리즘, 레이거니즘으로 대변되는 신우파 이데올로기 지배 시대를 열었다. 그러나 1980년대에 걸쳤던 신우파의 시대는 지나친 우경화에 대한 대중적 반발에 직면하여 막을 내렸다. 그렇다고 국가 주도적 전통적 복지국가주의가 부활한 것은 아니었다. 1990년대에 들어서 영국의 제3의 길(The Third Way)과 독일의 신중도(Die Neue Mitte)로 대변되는, 사회민주주의에 기반을 두되 급여 제공 자체보다는 사회적 투자와 교육을 통해 새로운 복지국가 시민을 만들어내는 중도적 노선이 새롭게 등장하였다(Giddens,1998).

제3의 길이나 신중도 노선은 1970년대 재정위기와는 근본적으로 다른 변화에 복지국가가 직면한 결과 나온 것이다. 세계화 과정의 본격적 전개이다.

1) 세계화 과정의 본격적 시작

1980년대 말, 1990년대 초 동유럽 공산국가 블록의 몰락과 구소련 체제의 붕괴는 냉전시대 때 가로막혔던 국가 간 국경선을 활짝 여는 계기가 되었다. 그리고 이는 곧 본격적인 세계화 (Globalisierung) 시대로 이어졌다. 세계화는 1970년대 복지국가 재정 위기와는 근본적 위협 요인으로 다가왔다. 국경을 넘어선 현지 직접투자·합병 등으로 초국적 기업이 생겨났다. 국가 정체성을 유지하면서, 즉 국적을 토대로 만들었던 이전의 다국적 기업과는 전혀 다른 개념의 기업 형태가 생겨나면서 복지국가의 기본 토대인 국경과 국적을 전제로 한 조세제도 자체를 흔들어 놓았다.

이러한 글로벌 플레이어(Global Player)의 등장은 한 국가 기준으로 볼 때 '고용없는 성장' 시대의 시작을 예고하는 것이었다. 기업은 매출액이 증가하지만 일자리는 임금이 좀 더 싼 다른 나라에서 창출하기 때문이다. 게다가 제3차·4차 산업혁명으로 급속한 기술 발전은 인간의 일자리를 점점 축소시키는 요인으로 작용하고 있다. 세계화와 지속적 산업혁명으로 대변되는 후기산업사회 구조가 정착하면서 '고용없는 성장' 시대가 전개되고 있는 것이다.

2) 인구학적 변동

인구학적 변동을 이야기하면 흔히 저출산고령화를 함께 이야기한다. 그러나 저출산과 고령화는 아주 다른 차원의 주제이기도 하다. 저출산은 그 자체로서 인류에게 재앙이 될 수 있다. 한 집단 자체가 사라질 수 있는 가능성을 주기 때문이다. 반면 고령화는 인류가 경험하지 못했던 장수의 축복이다. 또한 고령화로 인하여 부양해야 할 노인인구 수를 강제로 줄일 방법은 존재하지 않는다. 고령화 자체를 상수로 두고 복지국가 설계나 개혁을 해야 하는 이유이다. 참고로 할 점은, 경제성장이나 여타 정치적 요인보다 노인인구 증가를 중심으로 한 인구학적 변동이 전후 복지국가 체제 확대의 가장 중요한 요인이었다(Esping-Andersen,1990).

고령화가 진행될수록 복지 재정이 늘어난다면 장기적 관점에서 재정 조달 과정에서 가장 중요한 요소는 후속세대의 재생산이다. 그러나 서구 복지국가에서도 1970년대 이후에 지속적 저출산 문제가 보편화되어 있다. 한국처럼 초저출산까지는 아니지만 경제개발협력기구(OECD) 회원국 출산율 평균이 1.6 정도 수준이다. 인구 규모 유지가 가능한 대체출산율 2.1에 못 미치는 수준이 1990년대 중반 이후 지금까지 20년간 진행 중이다(그림 6-2).

〈그림 6-2〉 경제개발협력기구(OECD) 회원국 평균 출산율
추이(1970~2014년)

(단위 : 명)

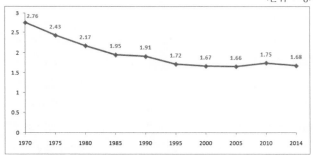

출처: 경제개발협력기구(OECD) 홈페이지(https://data.OECD.org/
pop/fertility-rates.htm) 자료를 토대로 재구성.

세계화·지속적 산업혁명으로 인한 고용없는 성장과 저출산
현상의 지속은 신사회적 위험의 출현으로 이어진다.

3) 신사회적 위험

신사회적 위험은 고용없는 성장 구조의 정착과 인구학적 변동
을 배경으로 나온 개념이며, 일상화된 고용불안과 가족 내 돌봄
공백을 대표적 신사회적 위험으로 볼 수 있다.

고용없는 성장은 고용불안의 일상화(Prekarisierung)를 구조화
시켰다. 아주 소수의, 안정적 고용관계를 갖는 핵심 노동자 집단
과 교육·기술 수준과 관계없이 끊임없이 일자리를 옮겨다녀야

하는 대다수 주변부 노동자 집단이 구성하는 이중노동시장 구조가 자리를 잡은 것이다. 기존 사회적 위험 개념에서는 안정된 고용 관계에서 노동을 하다가 더 이상 일을 할 수 없게 만드는 질병, 실업, 노령, 사고, 장애가 사회적 위험이다.

그런데 이제는 '고용 → 실업 → 재고용'이 짧은 주기로 반복되는 불안정 고용이 일상화되었다. 따라서 안정된 고용을 전제로 하면서 인생에서 한두 번 경험하는 실업 자체가 갖는 사회적 위험으로서의 비중이 정책적 차원에서 봤을 때 예전보다 크지 않은 상황이 된 것이다. 실업 자체보다 중요한 것은 활성화정책에 기초한 취업 지원·재교육을 통한 빠른 재취업이 되었다. 실업 자체는 여전히 지원해주어야 할 사회적 위험으로 남아 있다. 그러나 실업보다 더 자주 혹은 늘 경험하는 '일상화된 고용불안'이 사회정책적 개입 대상으로서 갖는 비중이 더 커지고 이런 의미에서 새로운 사회정책적 개입 대상인 신사회적 위험이 되는 것이다.

앞서 서술한대로 가족 내 돌봄은 전통적 복지국가 설계에서 여성의 몫이었다. 여성은 전업주부로서 돌봄노동을 충실히 감당하는 것만으로 사회보장 수급권을 인정받았다. 그러나 고용불안의 상시화는 남성 외벌이만으로는 더 이상 가족생계 유지가 힘든 상황을 만들었다. 게다가 1960년대 말 이후 전개된 여성운동의 물결은 여성 사회참여 의식을 근본적으로 변화시켰다. 개인적 차원의 가치관 변화가 됐든, 생계문제 해결이 됐든지 간에 여성이 집밖으로 나갈 수밖에 없는 사회구조가 형성된 것이다.

이는 곧 가족 내 돌봄공백으로 이어졌다.

가족 내 돌봐줄 사람이 없는 상황이 사회적으로 볼 때 보편적 현상이 되었다. 사람 자체가 집에 있을 수 없는 형편이다 보니 해결 능력 자체가 가족에게 있을 수 없다. 그래서 결국 돌봄공백 자체가, 부모가 아이를 돌볼 수 없거나 자녀가 노부모를 돌볼 수 없는 상황이 새로운 사회적 위험이 된 것이다.

<표 6-1> 사회적 위험과 신사회적 위험

	사회적 위험	신사회적 위험
발생 배경	산업사회	후기산업사회
양상	노령, 질병, 장애, 사고, 실업 등	일상화된 고용 불안 가족 내 돌봄공백
돌봄 주체	가족(여성)	국가와 사회
성별분업의 존재	전제로 함	전제로 하지 않음

고용불안의 일상화와 가족 내 돌봄공백이라는 신사회적 위험이 지배하는 복지국가 체제는 혁명적 도전에 직면하고 있다.

4) 혁명적 도전

복지국가 체제에서 여성 사회참여 및 취업활동은 더 이상 남성의 그것과 비교하지 않아도 될 정도로 확대되었고 보편적 사회규범이 되었다. 가족 형태의 다양화가 진행되는 상황 역시 빠른 속도를 보이고 있다. 지속적 저출산으로 인하여 아동의 가치에 대한 인식이 바뀌고 있다. 아동은 더 이상 한 가족의 아동이 아니라 공공재와 같은 국가와 사회의 아동이다. 외벌이 가족의 자리를 맞벌이 가족이 대체하고 있다. 그럼에도 불구하고 국가별로는 일·가정양립이 여전히 여성만의 과제인 경우도 있다. 그러나 비교적 양성평등 가족 이미지에서 벗어나 있던 독일이 2007년 가족정책 전환을 통해 남성 일·가정양립을 촉진하는 식으로 노르딕 국가를 쫓아가기 시작한 변화가 일어나고 있다. 이러한 변화는 혁명적이라 할 수 있다(Esping-Andersen,2009). 이 혁명의 물결에서 아직도 비껴나 있는 남부유럽 국가(이탈리아, 스페인, 포르투갈)가 언제 합류할 지는 불투명하다.

여성 사회참여와 취업활동이 사회의 정상 규범이 되었고 아동이 공공재라는 인식 전환까지 보이는 혁명적 상황에도 불구하고 아직도 복지국가 체제에서 공통적으로 미완으로 남아 있는 것이 있다. 사회적 돌봄시설의 확대이다. 아동과 노인, 장애인을 여전히 가족(여성)이 돌보면서 취업활동까지 해야 하는 이중부담 문제도 해소되지 않고 있다. 부모의 사회·경제적 지위 격차가 자녀에게 이어지는 현상도 남아 있다. 또한 교육수준과 소득에 따라 일·가정양립 병행을 위한 부모의 대응이 다르게 나타나고 있다. 대체로 중상층일수록 부모가 모두 일·가정양립을 하는 추세가 확대되는 반면 아직 저소득층에서는 여성의 이중부담이 여전하다. 그래서 전체적으로 '미완의 혁명(the incomplete revolution)' (Esping-Andersen,2009)이라는 상황 묘사가 적절하다.

한국보다 더 포괄적·보편적 사회보장제도를 갖고 있으며 남성 일·가정양립 수준도 높은 기존 복지국가 체제 상황을 미완의 혁명 상태라고 한다면 한국은 막 시작한 정도 수준일 것이다. 한국에서도 이미 여성 사회참여 확대가 시작되었고 맞벌이가 더 이상 예외적이지 않으며 저출산이 계기가 되어 아동이 갖는 공공재로서 가치에 대한 인식도 높아지고 있다. 혁명적 상황이 마찬가지로 존재한다. 그런데 사회적 돌봄 구조의 정착, 부모 지위와 관계없는 아동성장 지원 수준을 보면 미완이 아니라 이제 첫걸음을 내딛는 단계 정도이다. 어떻게 첫발을 디뎌야 하는가?

7. 한국사회 대응 전략

1) 인구학적 변동
2) 이주민
3) 복지국가적 대응

7. 한국사회 대응 전략

서구 복지국가는 산업사회를 배경으로 복지국가 체제 도입을 하였다. 그래서 남녀성별역할 분리 규범을 전제로 한 사회보장 제도를 구축하였다. 그러나 1960년대 말 70년대 초 여성운동의 물결이 서구사회를 움직이면서 복지국가의 가부장적 특징에 대한 페미니스트 비판이 본격화되었다(Wilson,1977; Gerhard,1986). 사회보장과 조세제도는 여성이 전업주부로서 집안일만 할 때 유리하도록 구축됨으로써 경제적으로 여성이 남성에게 의존하는 가부장적 사회구조를 유지하였다는 비판이다. 현금급여 위주 가족 대상 사회보장제도는 여성이 집에 머물 때 기회비용을 낮추는 결과를 가져왔다. 취업보다는 전업주부의 길을 선택하기 쉽게 만든 것이다. 더 나아가 부부합산과세(Ehegattensplitting)를 함으로써 여성이 취업활동을 하지 않을수록 세제 혜택을 더 받는 구조를 만든 복지국가에 대한 비판이다.[58)]

복지국가 유형에 따른 성차별 수준에 따라 페미니스트 비판 양상은 물론 다르게 나타났다. 그러나 한 가지 공통점은 어느 복지국가 유형에서도 여성 취업활동 확대가 오히려 저출산 문제도 해결하고 고령인구 부담률도 낮추는 지속가능 사회의 중요한 전제 조건이라는 점을 인지하기 시작했다는 점이다. 그래서 여성이 아닌, '양성평등에 기초한 남녀 일·가정양립 → 저출산 문제 극복 → 고령화에 대비 → 지속가능 사회 기반 구축'이라는 미래

---

58) "Der Staat signalisiert verheirateten Müttern bleibt besser zu Hause." Frankfurter Rundschau 04.05.1999.

지향적 복지국가 발전 전략으로의 전환을 1990년대 스칸디나비아 국가에서부터 2000년대 독일에서 관찰할 수 있다.

한국은 산업사회, 후기산업사회 양식이 혼재하고 또한 짧은 기간 동안 법적기회 차원의 양성평등에서 많은 진전을 본 가운데 복지국가의 설계도를 그리는 단계에 있다. 뒤처져 있다 볼 수도 있겠지만, 후발 주자로서 선진국의 시행착오를 잘 활용할 수 있는 유리한 입장이기도 하다. 그렇다면 무엇을 보고 배우면서 활용할 것인가? 국가 경쟁력, 여성노동력 활용, 일·가정양립으로 나누어 생각해 보도록 하자.

가. 국가 경쟁력

1) 국가경쟁력 개념

국가경쟁력 개념 자체의 등장은 1980년대부터로 볼 수 있다. 1985년 미국 '대통령산업경쟁력위원회(U.S. President's Commission on Industrial Competitiveness)'가 펴낸 보고서에 나온 개념이다. 일본의 추격을 받는 상황에서 미국 경제를 고부가가치 산업으로 재편함으로써 미국의 산업 경쟁력을 회복해야 한다는 요지의 보고서였다. 국가 경쟁력은 산업·무역 경쟁력이라는 맥락이었다. 이후 국가 경쟁력을 기업 생산성 향상, 기술 혁신, 국민생활 수준 제고, 경쟁국을 앞설 수 있는 상품과 서비스 창출 등을 토대로 한 국가, 기업, 사회의 총체적 역량의 총합으로 보는 경영학적 관점이 주 흐름으로 등장하였다(이정우,2005:282).

기업 경쟁력을 국가 경쟁력으로 확대하는 경영학적 관점을 비판적으로 보는 흐름도 나타났다. 국가 간 경쟁으로서 무역수지를 국가경쟁력 개념의 토대로 하는 것 자체가 기업과 국가를 동일시하는 오류를 범하고 있다는 관점에서이다(Krugman,1994)(이정우,2005:283에서 재인용). 경제성장과 더불어 공공선을 실현하는 역할을 해야 하는 국가 역할을 고려할 때 무역수지 적자가 기업 매출액과 동일한 수준의 지표가 될 수 없다. 기업 경영은 이윤 추구가 주목표이고 그렇지 못한 기업은 생존하지 못한다. 그러나 국가 존재 이유는 국민의 삶의 질 향상, 안전 보장, 사회통합, 궁극적으로 국민 보호 등 매우 다양하다.

그러나 이러한 비판적 관점에도 불구하고 국가 경쟁력은 주로 경영·경제 지표를 중심으로 측정되는 흐름을 보였다. 특히 1990년대부터 스위스 소재 국제경영발전연구소(IMD: International Institute for Management Development)와 세계경제포럼(WEF: World Economy Forum) 등 민간경제연구단체가 국가 경쟁력에 따른 국가 순위를 발표하기 시작하면서 경영·경제적 관점의 국가 경쟁력이 자리를 잡았다. 더 나아가 한국사회에서 국가 경쟁력은 국가적 위상을 나타내는 주요 지표로서 관심을 끌게 되었다.

국제경영발전연구소(IMD)는 국가 경쟁력을 '기업이 지속가능 가치를 생산할 수 있는 환경을 조성하는 국가의 능력(the ability of a country to facilitate an environment in which enterprises can generate sustainable value)'으로 규정하고 있다. 기업이 생산하는 지속가능 가치의 2대 요소는 기업의 장기적 이윤 확보와 일자리 창출 수준이다.[59] 기업경영에 초점을 맞춘 국제경영발전연구소(IMD)와 비교할 때 세계경제포럼(WEF)의 국가 경쟁력 개념은 좀 더 거시적 차원의 정책과 제도를 반영하고 있다.

세계경제포럼은 국가 경쟁력 측정 지표를 기본 지표, 능률 지표, 개혁 지표로 분류한다. 기본 지표에는 제도, 하부구조, 거시경제환경, 보건·초등교육이 있다. 능률 지표의 하위 지표에는 고등교육과 직업훈련, 상품시장 효율, 노동시장 효율, 금융시장 발전, 기술적 진보, 시장 규모가 있다. 개혁 지표의 하위 지표에는 경영쇄신, 개혁이 있다(WEF,2016:6).

경제개발협력기구(OECD)에서는 국가 경쟁력 순위를 정하지는 않지만, 다음과 같은 요소가 국가 경쟁력을 좌우한다는 제안을 하고 있다. 시장독점의 폐해 정도, 카르텔 및 반경쟁 담합 수준, 기업 합병 양상, 시장 자유화 및 국가 개입 수준, 경쟁친화적 정책 개혁 정도, 규제 개혁 및 경쟁정책 범위 등이다.

이상 개념을 살펴보면 기업 경쟁력을 국가 경쟁력과 동일시한다는 비판이 있긴 하지만, 국가 경쟁력은 대체로 경제적 요소를 중심으로 구성되어 있음을 알 수 있다. 그렇다면 한국사회에서 국가 경쟁력은 어떤 위상을 갖고 있는지 알아보도록 하자.

---

59) 국제경영발전연구소
   (http://www.imd.org/wcc/fundamentals-of-competitiveness).

2) 한국의 국가 경쟁력

2000년대 중분부터 국가 경쟁력은 한국사회에서 관심을 끄는 정책적 이슈 중 하나가 되었다(이정우,2005). 이러한 관심에 이어서 국가 경쟁력 개념이 정책적 실천 대상으로 자리를 잡은 계기는 2008년 이명박 정부 출범이다. 이명박 정부는 출범과 동시에 대통령 직속 국가경쟁력강화위원회를 구성하였다. '경제를 살리라는 국민의 요청'에 부응하기 위한 것이라고 위원회는 출범 배경을 명시하고 있다. 그리고 국가경쟁력 제고를 위하여 노동 참여 확대와 노동생산성 제고, 기업투자 촉진을 위한 규제 완화, 그리고 법질서 의식 등 사회적 자본 증진과 공공부문 비효율 해소 등을 활동 목표로 제시하였다. 위원회가 규정하는 국가경쟁력은 '지속적 경제성장과 장기적인 번영을 가능하게 하는 정책, 제도 등 총체적 국가능력'이었다.[60]

총체적 국가능력, 즉 국가 경쟁력을 구성하는 지표는 경제, 사회통합, 환경, 인프라로 분류하였다. 경제의 하위 지표에는 경제성과 및 규모, 노동 공급, 자본 공급, 기술 혁신, 기업 환경, 거시 환경, 산업 구조가 있다. 사회통합 하위 지표에는 사회지출, 형평성, 수명 및 보건, 안전, 제도 및 다양성이 있다. 환경 지표는 환경오염도, 환경 관리, 녹색산업을 제시하였다. 인프라에는 인적자본, 물적자본, 금융자본, 사회자본, 부존자원이 속한다(표 7-1).

---

60) 대통령기록관 역대 대통령 웹기록
(http://17pcnc.pa.go.kr/nccusr/m05/Presentation.aspx).

〈표 7-1〉 국가 경쟁력 지표

〈표 7-1〉 국가 경쟁력 지표

지표	경제	사회통합	환경	인프라
하위 지표	경제성과 및 규모 노동 공급 자본 공급 기술 혁신 기업 환경 거시 환경 산업 구조	사회지출 형평성 수명 및 보건 안전 제도 및 다양성	환경 오염도 환경 관리 녹색산업	인적자본 물적자본 금융자본 사회자본 부존자원

출처: 기획재정부 국가경쟁력 통계.[61]

국가 경쟁력을 강화하는 정책적 분위기에서 국가 경쟁력 순위는 당연히 중요한 관심사였다. 좀 더 기업경영에 지표 설정 초점을 맞추는 국제경영발전연구소(IMD) 발표 국가 경쟁력 순위는 2005년 27위에서 시작하여 그 다음 해에는 32위까지 내려갔지만, 2010년 이후로 20위권을 유지하고 있다. 2015년 순위는 29위였다.[62] 거시적 지표를 좀 더 많이 반영하는 세계경제포럼(WEF) 선정 순위의 경우 2005년 19위에서 출발하여 2007년 11위까지 올라갔다. 그러나 2010년 이후에는 20위권을 유지하였고 2015년 26위를 기록하였다(WEF,2016:xv).

---

61) http://www.mosf.go.kr/st/ncstats/ncIndex.do;jsessionid=CWybqUZx8Efqr
   NM7zpa9cEQC.node30?bbsId=MOSFBBS_000000000052&menuNo=6060000
62) 국제경영발전연구소
   (http://www.imd.org/uupload/imd.website/wcc/scoreboard.pdf).

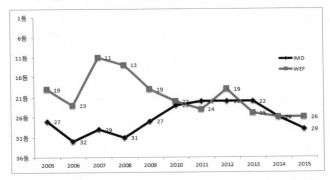

〈그림 7-1〉 국가 경쟁력 변화 추이(2005~2015년)

출처: IMD(http://www.imd.org)와 WEF(2016)를 토대로 재구성.

국가 경쟁력 순위를 두고 나타나는 논쟁 양상은 다음과 같다. 첫째, 정쟁적 차원의 논쟁이다. 어느 정권 때에는 국가 경쟁력이 좋았는데, 다른 정권에서는 국가 경쟁력 순위가 떨어졌다는 식이다.[63) 그러나 이런 식의 논쟁은 국가 경쟁력을 구성하는 지표가 갖는 정책적 효과가 마치 5년으로 한정된 대통령 임기 동안에 작동하고 그 다음 임기가 시작하면 또 해당 정부의 정책 지향점에 따라 다르게 나타난다는 식의 매우 단편적 시각을 드러낸다. 국가 경쟁력을 구성하는 지표는 기업경영에 초점을 맞춘 미시적 지표라 할지라도 정책 효과가 정책 실시와 더불어 금방 나타나지는 않는다. 짧게는 몇 년, 길게는 수십 년을 기다려야 하는 정

---

63) [사설] 국가경쟁력 갉아먹은 참여정부 3년
　　(www.dt.co.kr/contents.html?article_no=2006051202012349633004U)

책 효과를 5년 임기 정권에 맞춰 논쟁거리로 삼는 것은 지나치게 정파적이며 단편적 시각을 드러내는 것이다.

둘째, 국가 경쟁력 개념의 객관성을 둘러싼 논쟁이다. 앞서 언급한 대표적 두 기관의 평가 방법이 다르고 평가 기준도 상이하다. 게다가 기업인 대상 설문조사 경우에는 객관적 평가보다 응답자의 주관성이 개입될 가능성이 훨씬 높다. 기업의 입장에서는 장기적 차원 국가 발전보다는 당장 내일의 기업 생존이 더 중요하다. 이런 상황에서 기업 경쟁력을 중심으로 한 국가 경쟁력 진단을 그대로 받아들이기에는 동일 주제를 이해하는 관점이 너무 다르다는 배경이 있다(이정우,2005:286). 게다가 민간 기관이 평가 순위를 발표하는 기제 자체가 해당 기관 자체의 이해관계나 영향력과 무관하지 않다는 문제제기도 가능하다. 따라서 국가 경쟁력 지표를 정책 전환이나 개혁의 수단으로 삼을 수 있는 차원의 대응은 하되 국가 경쟁력 지표에 지나치게 의미를 둘 필요는 없을 것이다.

여기에서 더 나아가 유럽식 국가 경쟁력 지표가 갖는 또 다른 의미를 생각해 볼 필요가 있다. 경영·경제 중심 국가 경쟁력 지표는, 어떤 유형이 됐든, 이미 상당한 수준의 복지국가를 완성한 상황에서 나왔다. 1990년대 이후 세계화 시대가 도래면서 이른바 글로벌 경제 환경이 형성되었다. 그리고 새로운 환경에서 복지국가 개혁 및 지속가능성을 모색하는 차원에서 국가 경쟁력 개념이 의미를 갖게 된 것이다. 기존 복지제도의 존재, 복지제도 개혁을 전제로 하면서 경영·경제 차원에 초점을 맞춘 국가 경쟁력 개념이 자리 잡고 있다. 발달한 복지제도, 복지국가가 있기 때문에 국가 경쟁력 개념도 존재한다. 따라서 한국사회 국가 경쟁력 논쟁은 개념 형성의 역사적 맥락과 조건으로서 복지국가의 존재를 무시하거나 모르는 상황에서 진행된다고 말할 수 있다.

복지와 경제(성장)이 선순환하는 구조에서 국가 경쟁력 개념이 등장한 것인데, 그 맥락이 빠진 채 국가 경쟁력 논의가 이른바 '경제를 살리는' 정책에 초점을 맞춘 것이다. 그런데 경제가 살려면 복지가 살아야 하고, 복지가 살려면 경제가 살아야 한다. 이런 구조가 유럽 복지국가에서 나온 국가 경쟁력 개념의 토대이다. 따라서 국가 경쟁력 쟁은 한국형 복지국가 논쟁과 함께 가야한다. 그런데 이미 우리는 전통적 복지국가 형성 과정을 알아보았다. 그 과정은 산업혁명기에 등장한 사회적 위험에 대한 적절한 대응이었고, 그러나, 가부장적 특징을 갖고 있음을 알 수 있었다. 그리고 복지국가 체제가 세계화, 인구학적 변동, 신사회적 위험이라는 혁명적 도전 상황에 직면하여 또 다른 차원의 혁명적 대응으로서 양성평등에 기초한 여성 사회참여·취업활동 확대와 남녀 일·가정양립 흐름이 형성되고 있음을 보았다. 한국사회 여성 노동력 활용과 남녀 일·가정양립 전망은 어떠한가?

나. 여성 노동력 활용

여성 노동력 활용은 두 가지 차원에서 생각할 수 있다. 하나는 여성 노동력 활용의 불가피성이다. 또 하나는 여성 노동력 활용의 필요성이다.

1) 여성 노동력 활용의 불가피성

영화 '국제시장'은 산업화 시대 대가족의 생계를 짊어지고 평생을 뛰어온 남성 가장의 모습을 잘 보여주고 있다. "아버지, 나 이만하면 잘 했지요?"라고 말하면서 혼자서 울음을 터뜨리는, 가족들 앞에서는 늘 강해야 하는 남성 가장의 전형적 모습이다.

1960년대·70년대는 남성에게나 여성에게나 일·가정양립 갈등이 없던 시기이다. 노동집약적 경제성장전략은 점점 많은 일자리를 만들었다. 거기에 싼 임금 수준을 활용하여 서독에서 중동까지 노동력 해외 수출까지 활발했던 때이다. 물론 흔히 알려진 것처럼 남성 가장의 고용 안정성이 높지는 않았다. 평생직장 개념은 일부 대기업 종사자에게 해당하는 것이었고 남성 가장은 끊임없이 일자리를 찾고 옮겨 다니면서 가족 부양을 해야 했다(최선영·장경섭,2012). 그렇지만 전체적으로 남성 가장의 홀벌이가 가능했다. 그래서 여성의 경우에는, 비교적 저소득층이라도, 결혼을 하면 다니던 직장을 그만 두는 경우가 흔했다. 그러나 부업으로 불리었던 가내노동을 병행하는 양상을 함께 볼 수 있었다. 중산층 여성은 학교 졸업 후 취업활동 없이 곧장 결혼이 미덕이었다. 저임금 미혼여성 위주 취업시장 형성과 저소득층 기혼여성 위주 가내노동, 홑벌이 남성 가장, 전업주부 여성을 당시 시대의 모습으로 그릴 수 있다.

1980년대 이후 1990년대로 이어지면서 저임금 일자리가 더 임금수준이 싼 제3세계 국가로 옮겨가면서 저소득층 여성을 중심으로 일·가정양립 갈등이 일어났다. '탁아소가 없어 자물쇠 잠긴 방안에 갇혀 놀다가 불타 죽은 맞벌이 부부의 어린 남매' 사건이 사회면을 장식하곤 하였다.[64] 저임금 일자리가 사라지기 시작하면서 저소득층 남성 가장 홑벌이가 더 이상 가능하지 않게 된 상황의 반영이었다. 반면 경제성장의 결과 중산층이 본격적으로 실체를 드러내면서 중산층 중심 '돈 버는 남성 가장, 집안 일 하는 여성 주부'라는 성별노동분리 규범이 과거 소수 상류층 생활모델에서 중산층으로 확대되는 경향을 보였다.

그런데 2000년대에 들어서 후기산업사회의 도래에 따른 고용불안의 상시화와 높아진 교육 수준에 따른 여성 사회참여 욕구 증가는 중산층 여성을 중심으로 일·가정양립 갈등을 가져오는 계기가 되었다. 무엇보다 1997년 국제통화기금(IMF) 금융·경제위기는 홑벌이 남성 가장에 의존했던 가족생활 구조가 붕괴되는 경험을 한국사회가 하기 시작하도록 하였다. 2000년대 초반 가족단위 자살 사건 증가, 높아진 이혼율, 자녀 유기 증가 등 현상이 대표적 예이다. 남성가장에게만 의존해서는 더 이상 순탄한 가정경제 유지가 불가능해진 상황이 높아진 여성의 교육수준과 맞

---

64) 한겨레신문 1991년 6월 20일 12면.

물리면서 가정경제 차원에서 여성 노동력 활용이 불가피한 현상이 된 것이다.

가족이 먹고 살기 위한 문제를 해결하기 위한 여성 노동력 활용의 불가피성에 더하여 국가 차원의 생존과 지속가능 발전을 위해 여성 노동력 활용은 더욱 필요하게 되었다.

2) 여성 노동력 활용의 필요성

저출산고령화 시대를 맞이하여 백가쟁명식 대책이 나오고 있지만, 일단 심각해질 수밖에 없는 젊은 세대의 노인부양부담, 즉 생산가능인구(15~64세 인구) 100명이 부양해야 할 노인(65세 이상) 규모를 의미하는 노년부양비가 낮아져야 한다.[65] 노인인구 규모가 절대적으로 작았던 1970년 노년부양비는 5.7명이었다. 생산가능인구 100명이 약 6명의 노인을 부양하면 되는 현실이었다. 이 숫자가 2000년 10.1이 되었고 2015년에는 16.7이었다. 2020년에는 22.1명이 될 전망이다. 그런데 급속한 노인인구 규모 증가에 맞춰 불과 10년 뒤에는 38.6명이 되고 2060년에는 80.6명이 될 전망이다.[66] 2015년에는 생산가능인구 100명이 약 17명의 노인만 부양하면 되는데, 2060년에는 약 81명의 노인을 부양해야 하는 것이다.

그런데 한국사회 생산가능인구 모두가 취업활동을 하는 것은

---

65) 노년부양비 = (65세 이상인구 / 15세~64세 인구) × 100
66) 노년부양비 추이 및 추계, 국가통계지표
   (http://www.index.go.kr/potal/main/EachDtlPageDetail.do?idx_cd=1430)

아니다. 그리고 특히 여성 고용률 수준이 낮다. 2015년 노년부양비 17명은 낮은 여성 고용률을 배경으로 하고 있다. 45년 뒤 100명이 81명의 노인을 부양해야 한다는 '공포 시나리오'에 여성 고용률이 현재 이렇게 낮은데 그때에는 어떻게 높아질 지에 대한 전망은 포함되어 있지 않다. 결국 인구 고령화에 대비한 여러 가지 대책 중 중요한 포인트 하나가 여성 고용률 향상이다. 50% 수준의 여성 고용률을 전제로 한 노년부양비 17명이 만약 동일 수준의 여성 고용률로 2060년까지 가서 80명이 된다면 매우 큰 문제가 될 것이다. 그러나 여성 고용률 수준이 2013년 현재 경제개발협력기구(OECD) 회원국 평균 수준인 71.8%만 되어도 노년부양비 문제의 상당 부분은 해결할 수 있게 된다.

성차별적 직장 문화, 사회규범으로서 성별역할분리, 성별임금 격차 등 문제가 여성 경력단절로 이어지고 그로 인하여 여성 고용률 수준이 경제개발협력기구(OECD) 회원국 평균 70% 밖에 안 되는 상황이다. 게다가 경제개발협력기구(OECD) 회원국 경우에 14세 이하 자녀를 가진 여성 고용률 평균이 66.8%이다. 그리스와 멕시코가 한국과 비슷한 50% 수준을 보이고 있을 뿐이다. 한국 관련 통계는 경제개발협력기구(OECD) 차원에서 아직 잡히지도 않는 실정이다(표 7-2).

〈표 7-2〉 여성 고용률 현황(2013년)

(단위: %)

	25~54세 여성 중	14세 이하 자녀를 최소 1명 이상 가진 여성(15~64세) 중
스웨덴	82.7	83.1
덴마크	79.0	81.9
핀란드	78.1	73.6
포루투갈	72.2	73.4
프랑스	76.3	72.4
독일	78.6	69.0
28개국 평균	71.8	66.8
영국	75.2	66.6
미국	69.3	65.0
뉴질랜드	74.0	62.2
이탈리아	58.0	54.5
그리스	51.4	51.0
멕시코	53.5	45.0

출처: '경제개발협력기구(OECD)(2016), Maternal Employment 2013, oecd family database system.'을 토대로 재구성.

경제개발협력기구(OECD) 역시 1997년과 2008년의 경제·금융 위기를 한국이 적절하게 넘긴 점을 높이 사면서도 중단기적으로 볼 때에는 급증하는 가계 부채, 장기적으로 볼 때에는 인구 고령화로 성장 동력을 상실할 수 있다고 보았다. 이러한 어두운 전망을 극복하기 위한 개혁의 핵심을 서비스 산업 분야 경쟁력 확보와 더불어 여성 노동시장 참여 확대로 제안하고 있다.[67]

다. 양성평등에 기초한 경력단절 예방과 남녀 일·가정 양립

저출산 문제를 극복하면서 동시에 여성 고용률을 높일 수 있는 방법은 무엇인가? 현재 나와 있는 세부 대책들은 정책의 과잉 현상을 언급할 수 있을 정도로 많이 나와 있다. 이런 흐름을 정리하고 지속가능 사회의 기초를 만드는 개념이 '양성평등에 기초한 여성 경력단절 예방과 남녀 일·가정양립'이다.

고용노동부를 중심으로 '남녀고용평등과 일·가정양립지원에 관한 법률'를 토대로 '남녀고용평등과 일·가정 양립 기본계획'을 추진하고 있다. 목표는 경제개발협력기구(OECD) 평균 여성고용률 달성인데, 아직 갈 길이 멀어 보인다. 게다가 미성년 자녀를 둔 여성 고용률 제고는 여성 경력단절이라는 현실의 벽에 막혀 있다. 여성가족부가 '경력단절여성 등의 경제활동 촉진법'에 기초하여 '경력단절여성 등의 경제활동 촉진에 관한 기본계획'과 '가족친화사회환경의 조성 촉진에 관한 법률'에 따른 가족친화기업 지원사업도 추진하고 있다. 그러나 여성새로일하기센터(일명 '새일센터') 상황에서 볼 수 있듯이 재취업 경력단절 여성이 다시 경력단절을 하는 등 한번 나온 취업노동시장에 재진입하기에는 너

---

67) "Korea has achieved robust economic growth relative to other OECD countries since the financial and economic crisis, but its growth prospects are burdened by high levels of household debt and, in the medium term, rapid population ageing. Key areas of reforms include boosting competition in services sectors and promoting labour force participation of women(OECD, Going for Growth 2014)."
http://www.oecd.org/eco/growth/going-for-growth-2014-korea.htm.

무 많은 장애요소가 자리 잡고 있다. 성차별적 직장문화, 재취업으로 다시 생긴 취업·돌봄노동 이중부담, 성별 임금격차, 현실에서는 탄력적이지 않은 근무시간 등 많은 문제가 경력단절 여성의 '재경력단절' 요소가 되는 것이다.

이런 상황에서 짧은 시간 안에 여러 차원에서 시도하는 정책적 개입의 한계가 드러난다. 그렇다면 정책적 개입의 한계는 무엇이고 경력단절 예방과 남녀 일·가정양립은 어떻게 지향해야 할까?

1) 정책적 한계

정책적 한계는 두 가지 양상으로 나타난다. 첫째는 정책의 불일치 현상이다. 둘째는 정책의 우선순위 설정에서의 혼란이다.

경력단절예방과 일·가정양립을 위한 정책적 개입은 중요하다. 그러나 기업 경영 환경과 정책적 개입은 유기적 관계를 가져야 한다. 육아휴직 후 직원이 직장에 복귀하지 않기 때문에 새로 인력을 선발함으로써 발생하는 비용 부담이 직원의 복귀를 위한 비용보다 높다면 사용자는 생각의 전환을 할 것이다. 일부 전문 직종을 중심으로 육아휴직, 탄력근무가 확대되는 경향은 해당 인력의 전문성을 대체하기 위한 신규인력 채용 비용이 높기 때문에 나타나는 현상이다. 여성이든 남성이든 해당 인력의 일·가정양립을 가능케 하는 노동환경이 사용자 입장에서 인력 관리 비용 절감과 높은 생산성으로 이어진다면 가족친화 노동환경은 국가보다 기업이 앞장 서 만들 것이다. 이런 상황과 일·가정양립지원정책이 만난다면 정책 효과는 더욱 커진다.

반면 구인보다 구직이 더 절실한 상황이고 일·가정양립을 통해 인력을 붙잡는 시도가 오히려 더 큰 비용을 유발한다면 기업이 굳이 나서서 가족친화 노동환경을 만들 필요가 없다. 이러한 상황에서 국가의 정책적 지원은 해결해야 할 문제와 정책적 개입 간 시간 불일치라는 문제에 직면하게 된다. 대체 인력을 언제라도 사용할 수 있고 또 그러한 경영 전략이 더 효율적인 기업 환경, 끊임없는 고용 불안에 시달리면서 장시간 노동을 해야만 생계유지를 할 수 있거나 원하는 소득 수준을 유지할 수 있는 노동시장, 직장 내 성차별 문화, 사회적 규범으로서 성별역할 분리(남성 = 돈버는 역할, 여성 = 집안일 하는 역할)가 복합적으로 작동하는 현실에서 단기적 정책 개입의 효과는 클 수가 없다.

따라서 경력단절 예방, 남녀일·가정양립이라는 국가 차원의 정책적 요구가 시장 환경에서 호응을 얻을 수 있는 상황인지 먼저 분석을 전제로 한 개입이 필요하다. 이런 의미에서 대기업보다 중소기업 중심 정책적 개입으로의 전환이 바람직하며, 현재 이러한 정책 흐름의 단초는 보이고 있다. 2017년부터 고용보험 기반 육아휴직 지원에서 대기업 지원은 축소하고 중소기업 지원은 확대하는 변화가 그 예이다. 또한 노동시장 고용 불안을 해소하기 위하여 이직과 구직, 취업 과정에서 취업지원과 소득보장을 동시에 하는 유연안정성 지향 노동시장정책의 지속적 확대가 있어야 한다. 부모의 돌봄을 지원함으로써, 특히 아빠의 돌봄을 지원하는 메시지를 담은 캠페인과 병행하는 사회적 돌봄시설 구축을 확대는 이제 상식이 된 정책 제안이다. 다만 한국사회에서 그동

안 지나치게 확대된 민간영리 중심 돌봄시설이 아니라 국공립이나 비영리법인 중심 돌봄시설 확대로의 정책 전환이 이루어져야한다.

2) 정책의 우선순위 설정에서의 혼란

여성 경력단절 예방과 남녀 일·가정양립 지원정책에서 대체인력 인건비 지원, 육아수당 지급, 무상보육 등 현금성 급여를 다른 급여에 비해 상대적으로 지나치게 확대할 경우 지속가능한 정책이 될 수 있을까 하는 차원의 문제제기를 할 수 있다. 기업 경영환경과 노동시장 조건이 변하지 않는 한 정책적 개입에는 한계가 있다. 경력단절 예방과 남녀 일·가정양립을 위한 정책의 차원은 앞에서 휴가휴직 지원, 유연·탄력근무 보장, 사회적 돌봄 기회 제공으로 제시하였다. 그런데 기존 정책의 주 흐름이 여성 고용률 70% 달성이라는 숫자에 매달려 고용 지원금 등 현금급여 위주로 구성되었는지에 대한 비판적 분석이 필요하다. 여성 경력단절 예방, 가족친화성 제고 등을 통한 인력관리가 기업 이윤 창출에 도움이 되지 않는 상황에서 경력단절 예방 및 남녀 일·가정양립을 위한 예산 낭비로 이어질 가능성이 크다.

게다가 보육료 지원이나 육아휴직, 출산휴가 등 휴직 제도보다는 유연근무 확대를 통한 빠른 직장 복귀와 경력단절 예방이 출산율 제고에 기여한다는 연구(최성혁·오창석,2010)에서 볼 수 있듯이 육아휴직 기간이 길어지면 급변하는 근무 환경에 대한 재적응과 취업활동 지속에 좋지 않은 결과를 갖게 된다. 따라서 휴직에 기반을 둔 돌봄시간 확보가 아니라 유연·탄력근무를 통한 돌봄시간 확보가 정책의 우선 과제가 될 수 있다.

이러한 맥락에서 정책의 우선순위를 설정할 수 있다. 휴직, 지원금, 유연탄력근무 등이 모두 중요한 정책이고 동시에 실천할 수 있는 정책이다. 그러나 정책의 우선순위를 정하고 그에 따른 정책의 주 흐름을 형성하면서 보완적 정책으로써 사회문제 해결을 시도하는 일종의 정책적 체계가 존재해야 한다. '유연탄력근무를 통한 돌봄시간 보장과 사회적 돌봄인프라 구축을 통한 돌봄기회 확대 → 출산·육아휴직에 기초한 돌봄시간 보장 → 고용 지원금 등 현금급여'로 이어지는 정책 체계를 구성할 수 있을 것이다. 그러나 현재 정책 리스트의 향연은 있지만 정책 간을 연결하는 체계는 보이지 않는다.

3) 양성평등의 불편한 진실과 여성 경력단절 예방, 남녀 일·가정양립

여성 경력단절 예방과 남녀 일·가정양립은 한국사회 지속가능 발전의 필수부가결한 요소이다. 발전 이전에 '생존'을 위해서도 그렇다. 저출산고령화라는 인류가 아직 경험하지 못했던 새로운 도전이 다가왔기 때문이다. 그런데 한국사회는 법적기회의 평등을 보장한 변화, 그 변화를 이용할 수 있는 중산층 여성 중심 사회진출 확대, 그리고 무(無)에서 갑자기 나타난 변화(해당 영역에서 볼 수 없었던 여성 동료·경쟁자의 출현)에 대한 남성의 집단적 당혹감 등이 '여자 살기 좋은 세상, 고개 숙인 남자' 등

담론을 만들어내고 있다.

그러나 양성평등 한국사회의 또 다른 모습은 퇴근시간이 되자마자 어린이집으로 뛰어야 하는 '직장맘'이 보여준다. 조금만 육아에 신경을 쓰면 '좋은 아빠' 소리를 들을 수 있지만, 엄마는 아무리 일·가정양립을 위해 혼신의 힘을 다 기울여도 본전치기 하는 것이고 일상에서는 대체로 '나쁜 엄마' 담론에 시달려야 한다. 그래서 보육료·돌봄비용 지원이 '없는 것보다 있는 것이 나은 정도 수준'으로 인식될 뿐 아이를 더 낳겠다는 태도 변화로 이어지지 않는다. 아이를 부모가 됐든 누군가에게 맡기고 독한 마음으로 남성동료와 회식을 2차, 3차까지 가면서, 업무 능력에서도 뒤지지 않는 치열한 직장생활을 했다. 그러나 홀벌이하는 남성 동료에게 금년 승진이 밀리는 경험을 하는 순간 안보이던 차별에 갑자기 부딪치는 '유리천장 효과'를 알게 된다. 아무리 높은 지위에 오른 여성도 어두운 밤길에서 마주치는 남자를 보고 순간 무서운 마음을 갖게 되는 성폭력의 두려움이 여성의 행동반경을 제약하는 사회구조가 여전히 남아 있다. 이 모두가 양성평등 사회 한국이 갖고 있는 가부장적 구조의 존재이다. 불편한 진실이다.

가부장적 사회구조는 여성 사회진출 확대를 계기로 변화할 수 있는 가능성을 갖고 있다. 그러나 경력단절은 여성의 문제이고 일·가정양립은 여성의 과제로 남아 있다. 여성은 여전히 남성의 성적놀음·폭력의 대상이다. 한국사회가 가부장적이라고 말할 수 있는 근거이다. 남성과 여성이 개인으로서 만날 때 대다수 한국 남성은 여성에게 폭력적이지 않고, 성희롱·성폭력적 언어를 남발

하지 않는다. 어두운 골목길을 지나가는 남성의 압도적 다수는 혼자 가는 여성을 건드릴 생각을 하지 않는다. 그런데 남성이 집단이 되면, 그 집단 안에서 벌어지는 여성 대상 성희롱·성폭력을 언어가 됐든, 글이 됐든 함께 한다. 개인적으로 불편한 마음이 들어도 그러한 집단행동에서 빠져나오기가 쉽지 않다. 집단 구성원으로서 인정을 잃을 것에 대한 두려움이 있기 때문이다. 이것이 남성 개인의 의지와 관계없이 존재하는 가부장적 사회구조의 실체이다.

가부장적 사회구조가 공고하게 여성의 삶을 통제하면 여성 사회진출의 확대라는 양성평등의 불편한 진실은 변하지 않게 된다. 성별역할분리 규범이 사라지고 공정·결과의 평등으로서 남녀 일·가정양립이 확립되는 과정이 톱니바퀴처럼 이어져서 나타나야 한다. 그러면 여성 고용률과 출산율이 올라갈 것이다. 이렇게 될 때 지속가능사회에 대한 희망을 간직할 수 있다.

'아이 키우는 존재로서 여성'의 모습을 고착시키는 가족정책 전통을 오랜 기간 이어오면서 독일은 가족 내 성별노동분리 극복을 가족정책 목표로서 등한시해왔다. 그 결과 중 하나가 지속적 저출산이었다. 지속가능 독일사회를 만들기 위하여 지난 2007년 이후 스칸디나비아 국가식 성별노동분리를 극복하는 돌봄의 사회화와 남녀 일·가정양립지원정책을 본격적으로 도입하였다. 하지만 정책 효과를 당장에 기대하기는 어렵다. 앞으로 10여 년 혹은 그 이상 수십 년은 기다려야 하지 않겠냐는 독일의 관련 전문가 의견이다. 아직 제대로 출발도 하지 않은 상황에서 한국사회는 어렵고도 먼 길을 가야 한다. 가부장적 사회구조 변화, 성별노동분리 극복, 공정·결과의 평등, 남녀 일·가정양립을 가능케 하는 정책 도입을 통해 여성 고용률을 제고하고 저출산 문제를 극복하여 지속가능 한국사회 비전을 가져야 할 때이다.

<그림 7-2> 한국사회 발전 비전

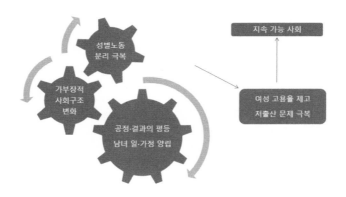

참고문헌

강남식 (2001), "성주류화 정책과 생산적 복지," 여성과 사회
　　2001년호, 209~232쪽.

강남식(2005), "국가와 여성정책의 변화", 한국여성연구소, 새여
　　성학 강의, 동녘 출판사, 278~303쪽.

고용노동부(2016), 제2차 일가정 양립 민관협의회 운영방안.

고정갑희(2007), "페미니즘의 역사발견, 재발견, 논쟁의 성정치",
　　한국프랑스학회 학술대회 발표집 2007, 14~24쪽.

국세청(2015), 국세통계로 본 여성의 경제활동

김경희(2003), "성인지적 예산 도입을 위한 시론적 연구," 한국여
　　성학 제19권 1호, 5~31쪽.

김기석(1953), "민주국가와 여성 지위", 사상계 1953년 2호,
　　39~49쪽.

김기선미(1997), "여성운동의 흐름," 여성동향 1997, 296~305쪽.

김수곤(1981), 복지사회의 인력정책과 직업안정. KDI 연구보고서.

김승권 외(2004), 2003년 전국 출산력 및 가족보건-복지실태조사,
　　한국보건사회연구원.

김양희(2013), "유통서비스업 시간제 일자리의 실제 - 경력단절
　　여성의 판매노동 경험을 중심으로", 한국여성학, 29(2),
　　39-66쪽.

김엘림(2005), "여성과 법", 한국여성연구소, 새여성학 강의, 동녘
　　출판사, 246~276쪽.

김영란(2003), "한국의 여성운동과 여성복지정책의 변화 - 노동과

섹슈얼리티 분야를 중심으로," 한국사회학 제37집 3호, 187~216쪽.

김영화/손지아(2004), "여성운동이 여성복지에 미친 영향과 의미," 복지행정논총 14편 2권, 81~106쪽.

김유경(2013), "생애단계별 여성의 취업행태와 정책과제", 보건복지포럼, 199(-), 39-56쪽.

김은설 외(2015), 한국아동패널 자료를 활용한 출산 결정요인 분석, 한국육아정책연구소 연구보고서.

김은정(2013), "미취학자녀를 둔 취업여성의 일가정양립정책 인지도와 이용의향-시간지원정책과 서비스지원정책의 차이를 중심으로", 한국사회와 행정연구, 24(2), 617-642쪽.

남윤주(1994), "여성과 국가이론", 여성과 사회 제5호, 창작과 비평사 1994, 164~183쪽.

대한민국정부(2016), 제3차 저출산·고령사회 기본계획 (2016-2020).

문현상 외(1995), 출산율 예측과 인구구조 안정을 위한 적정 출산 수준, 한국보건사회연구원 연구보고서.

박성미(2010), "경력단절 여성의 노동시장 재진입 욕구형태에 따른 진로행동 분석", 수산해양교육연구, 22(2), 165-179쪽.

박유미(2010), "해방 후 공창제 폐지와 그 영향에 관한 연구". 歷史와 實學 41(-), 37~71쪽.

엄경애·양성은(2011), "기혼여성의 경력단절 및 자녀양육 경험에 관한 질적연구", 한국가정관리학회지, 29(1), 21-40쪽.

오장미경(2000), "여성운동의 흐름," 여성동향 1999, 279~290쪽.

오장미경(2001), "2000년 여성운동의 흐름," 여성운동 및 연구 동 향, 242~253쪽.

이미숙(2001), "40대 남성사망률 - 사회적 관련 요인에 대한 탐 색", 한국사회학 제35집 4호, 2001.8, 189~212쪽.

이성은 외(2012), 서울시 비혼여성 1인가구 정책지원방안 수립, 서울시여성가족재단 연구보고서.

이성은 외(2012), 서울시 비혼여성 1인가구 정책지원방안 수립, 서울시여성가족재단 연구보고서.

이승희(1999), "한국 여성운동의 흐름과 과제," 한국여성연구소 편, 새 여성학 강의, 동녘 출판사, 321~341쪽.

이정우(2005), "한국경제의 미래와 도전; 참여정부의 국가경쟁력 강화 전략", 경제학연구, 53(4), 279-311쪽.

이혜숙(2002), "지역여성운동의 형성과 전개: 진주여성민우회를 중심으로," 한국사회학 제36집 1호(2002년), 195~221쪽. 이혜 숙. 2002.

인사혁신처(2015), 국가공무원 인사통계(2014.12.31. 기준).

인사혁신처(2016), 국가공무원 인사통계(2015.12.31. 기준).

장경섭(2009), "가족·생애·정치경제, 파주: (주) 창비.

장경섭(2009), 가족·생애·정치경제, 창비 출판사.

장하진 외(2000), 여대생의 직업의식 실태와 정책과제, 고용노동부.

정재훈(1988), 복지페미니즘의 이데올로기적 특성에 관한 연구 - 영국의 페미니즘을 중심으로, 서울대학교 석사학위 논문.

정재훈(1988), 복지페미니즘의 이데올로기적 특성에 관한 연구 -

영국의 페미니즘을 중심으로, 서울대학교 석사학위 논문.

정재훈(2007), "사회복지정책으로서 탈성매매여성 지원대책 도입에서의 여성운동 역할 연구 - 신사회운동론과 자원동원론 관점을 중심으로", 사회복지정책 Vol.30, 2007.9, 393~422쪽.

정재훈(2013), 영화와 사회복지, 신정출판사.

정재훈(2016), 독일복지국가론, EM 커뮤니티.

정재훈·박은정(2012), "가족정책 유형에 따른 독일 가족정책 변화 분석", 가족과 문화 제24집 1호(봄호), 1~31쪽.

지은희(2002), "내부로부터 본 여성운동 - 한국여성단체연합 활동을 중심으로," 사회이론 2002, 99~150쪽.

천선영(2008), "자살의 이유를 알아야 하는 이유 - 근대적 자살 이해에 대한 사회이론적 논의", 사회와 이론, No.12, 293~325쪽.

최선영·장경섭(2012), "압축산업화시대 노동계급가족 가부장제의 물질적 모순 - 남성생계부양자 노동생애 불안정성의 가족전이", 한국사회학, 46(2), 203~230쪽.

최성혁·오창섭(2010), "노동시장에서 기혼여성의 경력단절 위험이 출산에 미치는 영향에 관한 실증 분석 - 공공·민간부문 기혼여성의 자녀 수 비교", 복지행정논총, 20(2), 119~142쪽.

통계청(2007), 통계로 보는 여성의 삶.

통계청(2014), 통계로 보는 여성의 삶.

통계청(2015), 통계로 보는 여성의 삶.

통계청(2015.9), 2014년 사망원인 통계.

통계청(2016), 통계로 보는 여성의 삶.

한국여성개발원(1985), 여성백서 1985.

한국여성개발원(1991), 여성백서 1991.

한국여성연구회 (1994), 여성학 강의, 동녘.

행정자치부(2005), 1998~2004 「통계연보」.

허백윤(2016), 독박육아, 시공사.

홍승아(1998), "복지국가의 가부장적 특성에 관한 연구," in: 한국
사회복지학 35호, 1998년 8월, 453~474쪽.

Beveridge, Sir William(1942), Beveridge Report - Social
Insurance and Allied Services, Presented to Parliament by
Command of His Majesty, November 1942.

Braun, Kathrin(1993), Gewerbordnung und Geschlechterordnung
- Klasse, Geschlecht und Staat in der frühen
Arbeitsschutzgesetzgebung, Nomos Verlag.

Charles, Nickie(2000), Feminism, the state and social policy,
St. Martin's Press.

Engels, Friedrich(1884), Der Ursprung der Familie, des
Privateigentums und des Staats, In. MEW 21, Mai 1883
bis Dezember 1889.

Esping-Andersen, Gösta(1990), The Three Worlds of Welfare
Capitalism, Princeton Univ. Press.

Esping-Andersen, Gösta(1999), Social Foundations of Postindustrial
Economies, Oxford University Press.

Esping-Andersen, Gösta(2009), The Incomplete Revolution.

Gerhard, Ute u.a.(1986), Auf Kosten der Frauen - Frauenrechte im Sozialstaat, Beltz.

Giddens, Anthony(1998), The Third Way. Polity Press in association with Blackwell Publishers Ltd.

Giddens, Anthony(1998), The Third Way. Polity Press(번역본).

Gilbert, Neil/Terrell, Paul(1998), Dimensions of social welfare policy, Allyn & Bacon, Needham Heights.

Habermas, Jürgen(1981), New social movements. in: Telos 49, pp.33~37.

Inglehart, Ronald(1990), 「Culture Shift in Advanced Society」, Princeton University Press, Princeton.

Inglehart, Ronald(1990), Culture Shift in Advanced Society. New Jersey.

Jones, Kathleen/Bronwn, John/Bradshaw, Jonathan(1983), Issues in Social Policy, Routledge & Kegan Paul.

Lampert, Heinz(1991), Lehrbuch der Sozialpolitik, Springer Verlag.

Lerner, Gerda(1991), Die Entstehung des Patriarchat, Campus Verlag(Original erschienen 1986: The Creation of Patriarchy).

Marshall, T. H.(1950), Citzenship and Social Class, Cambridge University Press.

McCarthy, John/Zald, Mayer(1987), "Resource mobilization and social movements: a partial theory," in: Zald, Mayer/McCarthy,

John(eds.). Social Movements in an Organizational society. Transaction Books.

Melucci, Alberto(1985), "The symbolic challenge of contemporary movements," in: Social Research 52, pp.789~816.

OECD(2015), Pensions at a Glance 2015.

Offe, Claus(1985), "New social movements: challenging the boundaries of institutional politics", in: Social Research 52(4), pp.817~868.

Polanyi, Karl(1944), The Great Transformation, 홍기빈 옮김, 거대한 전환, 도서출판 길.

Schenk, Quentin (1981), Welfare, Society, and the Helping Professions, Macmillan Publishing Co.: New York.

Smelser, Neil(1962), Theory of Collective Behaviour. Routledge & Kegan Paul.

Tarrow, Sidney(1994), Power in Movement - Social Movements, Collective Action, and Politics. Cambridge University Press.

Touraine, Alain(1977), The Self-production of Society, University of Chicago Press.

Touraine, Alain(1981), The Voice and the Eye - An Analysis of Social Movement, Cambridge University Press, Cambridge.

WEF(2016), The Global Competitiveness Report 2015-2016.

Wilson, Elisabeth(1977), Women and the Welfare State, Tavistock.

양성평등의 불편한 진실

: 한국형 복지국가의 토대를 찾아서

펴낸곳 ㅣ EM커뮤니티

주 소 ㅣ 서울시 관악구 신림로7길 33

인쇄처 ㅣ EM실천

주 소 ㅣ 서울 금천구 서부샛길 648 대륭테크노타운 6차 1004호

전 화 ㅣ 02)875-9744

팩 스 ㅣ 02)875-9965

e-mail ㅣ em21c@hanmail.net

ISBN : 978-89-91862-37-1